**Dieter Graumann / Wolf Pflesser**

# Zielgerichtete Wassergewöhnung

Spezifische Übungsmöglichkeiten im Hinblick auf das
Erlernen der einzelnen Schwimmtechniken, der Starts und
Wenden, des Transportierens und Rettens

**POHL-VERLAG**

© 1981 – Pohl-Verlag, 29232 Celle, Postfach 3207

2., aktualisierte und ergänzte Auflage 1994

| | |
|---|---|
| Verfasser: | Dieter Graumann, Kirchenweg 10, 24147 Klausdorf/Schwentine<br>Wolf Pflesser, Voorder Winkel 7, 24220 Flintbek |
| Verlag und Druck: | Pohl-Verlag, ein Geschäftsbereich der Celleschen Zeitung Schweiger & Pick Verlag E. A. Pfingsten KG, Celle |

Zeichnungen und Fotos: Wolf Pflesser

Alle Rechte vorbehalten, auch die der Übersetzung in fremde Sprachen. Ohne ausdrückliche Genehmigung des Verlages ist es nicht gestattet, die Schrift oder Teile davon zu veröffentlichen.

ISBN 3-7911-0203-6

# Inhaltsverzeichnis

Einführung . . . . . . . . . . . . . . . . . . . . . . 7

## 1 Die erste Schwimmstunde
Was muß der Lehrer vor der ersten Schwimmstunde wissen? . . . . . 10
Erforderliche Bade-Utensilien . . . . . . . . . . . . . . . 11
Schüler- und Lehrerverhalten vor Stundenbeginn . . . . . . . . 12
Einweisung der Schüler (Umkleideraum/Dusche/Halle) . . . . . . 12
Hinweise auf besondere Gefahren im Schwimmbad . . . . . . . 14
Erwerb fester Gewohnheiten und Verhaltensweisen . . . . . . . 14
Verhalten nach der Schwimmstunde und auf dem Heimweg . . . . 15

## 2 Wassergewöhnung
Allgemeine Vorbemerkungen . . . . . . . . . . . . . . 18
Auseinandersetzung mit dem Element Wasser . . . . . . . . . 21
  Benetzen des Gesichts mit Wasser . . . . . . . . . . . . 23
  Sicherheit im Umgang mit nassem und rutschigem Untergrund . . . 24
  Gewöhnung an den Kältereiz . . . . . . . . . . . . . . 28
  Gewöhnung an den Wasserdruck . . . . . . . . . . . . 29
  Erkennen und Überwinden des Wasserwiderstandes . . . . . . 31
Auftrieb in Rücken- und Brustlage . . . . . . . . . . . . . 33
  Kennenlernen des Auftriebs . . . . . . . . . . . . . . 34
  Auftrieb mit Händepaddeln . . . . . . . . . . . . . . 38
  Statischer Auftrieb . . . . . . . . . . . . . . . . . 39
  Dynamischer Auftrieb . . . . . . . . . . . . . . . . 41
Tauchübungen . . . . . . . . . . . . . . . . . . . 42
  Eintauchen des Kopfes ins Wasser . . . . . . . . . . . . 43
  Einfache Tauchübungen in der Bewegung . . . . . . . . . . 44
  Öffnen der Augen unter Wasser . . . . . . . . . . . . . 46
  Tauchübungen kopfwärts . . . . . . . . . . . . . . . 48
  Orientierung unter Wasser . . . . . . . . . . . . . . . 50
  Herauftauchen von Gegenständen . . . . . . . . . . . . 51
  Überwinden des Auftriebs . . . . . . . . . . . . . . . 52
Atemübungen . . . . . . . . . . . . . . . . . . . 54
  · Anpassung der Einatmung an den verstärkten Druck
    des Wasser auf den Brustkorb . . . . . . . . . . . . . 56
  · Anpassung der Ausatmung an den verstärkten Druck
    des Wassers auf den Mund . . . . . . . . . . . . . . 58
  · Gewöhnung an das Ausatmen durch die Nase . . . . . . . . 59
  · Ausatmen ins Wasser während der Bewegung . . . . . . . . 60
  · Gewöhnung an eine Steigerung in der Ausatmung . . . . . . . 63
  · Gewöhnung an regelmäßiges Atmen mehrmals nacheinander . . . 63
Ungeformte Sprünge zur Mutschulung . . . . . . . . . . . 64
  Sprünge im Lehrbecken . . . . . . . . . . . . . . . 66
  Sprünge von der Treppe ins Lehrbecken . . . . . . . . . . 68
  Sprünge aus dem Sitz und aus der Hocke . . . . . . . . . . 70
  Sprünge aus dem Stand ins Lehrbecken . . . . . . . . . . 72
  Hochwerfen und „Landen" auf dem Beckenboden . . . . . . . 74

| | |
|---|---|
| Sammeln von Bewegungserfahrungen | 75 |
| Spiele zur Festigung der Fertigkeiten | 77 |
| Gleiten in Brustlage | 79 |
|   Vom Stützeln zum Gleiten | 81 |
|   Von den Schwebesprüngen zum Gleiten | 82 |
|   Gleiten nach dem Abstoßen von der Treppe | 83 |
|   Gleiten nach dem Abstoßen von der Wand | 84 |
|   Gleiten zur Treppe oder Beckenrand | 84 |
|   Gleiten mit Schwimmbrett | 85 |
|   Ziehen eines Schülers in Gleitlage | 86 |
|   Schieben eines Schülers in Gleitlage | 87 |
|   Von den Dephinsprüngen zum Gleiten | 88 |
| Gleiten in Rückenlage | 90 |
|   Empfinden der Rückenstrecklage | 93 |
|   Ziehen eines Schülers in Rückenlage | 94 |
|   Gleiten in Rückenlage mit Schwimmbrett | 95 |
|   Gleiten in Rückenlage mit Händepaddeln | 96 |
|   Schieben eines Schülers in Rückenlage | 97 |
|   Gleiten nach dem Abstoß | 99 |

**3 Vorübungen für die Schwimmtechniken in der Wassergewöhnung**

| | |
|---|---|
| Kraulschwimmen | 102 |
|   Kraulbeinschlag | 102 |
|   Kraularmzug | 104 |
|   Atmung | 107 |
| Brustschwimmen | 109 |
|   Armbewegung | 109 |
|   Beinbewegung (Schwunggrätsche) | 110 |
| Rückenkraulen | 113 |
|   Beinschlag | 113 |
|   Armzug | 114 |
| Schmetterlingsschwimmen | 116 |
|   Delphin-Beinschlag | 116 |
|   Delphin-Armbewegungen | 119 |
| Starts und Wenden | 121 |
|   Gleiten unter der Wasseroberfläche | 121 |
|   Abstoßen unter Wasser | 122 |
|   Drehungen um die verschiedenen Körperachsen | 124 |
| Transportieren und Retten | 127 |

**4 Spiele in der Wassergewöhnung**

„Schlange" · „Schnecke" · „Raupe" · „Henne und Habicht" · Kreis · Zerrkreis · „Autofahrt" („Dampferfahrt") · „Schwan, kleb' an." · „Schwarz oder weiß" · Ball mit Quadrat (Reifen) · „Steh, Bock! Lauf, Bock!" · Treibball · „Wer fürchtet sich vorm bösen Wolf?" · Spritzschlacht · Schiebekampf · „Hahnenkampf" · „Tauziehen" · Reiterkampf · „Die Jungen – die Mädchen" · Ballonprellen · Ballhalten · Ringtennis · Ball über die Schnur · Wasser-Volleyball · Jägerball · Wasserball im Lehrbecken · Haschen · Delphin-Haschen · Tauch-Haschen · „Fischefangen" · „Schattenlaufen" · Staffeln im Lehrbecken · „Torpedo" · Tauchstaffel · „Tunneltauchen" · Hangeltauchen · „Wasserstrudel" · „Wellengang" · Hechtprellen · Völkerball · Tauchball · „Fischer, Fischer, wie tief ist das Wasser?"   132

## 5 Leistungstests und Schwimmabzeichen

Leistungstests . . . . . . . . . . . . . . . . . . . . . . . . . 176
Schwimmabzeichen . . . . . . . . . . . . . . . . . . . . . . 183

## 6 Sicherheit und Gesundheit

Rechtliche Grundlagen . . . . . . . . . . . . . . . . . . . . 186
Forderungen an den Lehrer . . . . . . . . . . . . . . . . . 186
Forderungen an den Schüler . . . . . . . . . . . . . . . . 187
Forderungen an die Bechaffenheit der Badestelle . . . . . . . . 188
Baden in der See . . . . . . . . . . . . . . . . . . . . . . . 188
Häufige Unfälle beim Baden und Schwimmen . . . . . . . . . 188
Unfallverhütung durch Sicherheitserziehung . . . . . . . . . . 191
Vorbeugende Maßnahmen gegen Unfälle . . . . . . . . . . . 192
Die Baderegeln . . . . . . . . . . . . . . . . . . . . . . . . 193

## 7 Organisation eines Schwimmlehrgangs für Anfänger

Werbung . . . . . . . . . . . . . . . . . . . . . . . . . . . 198
Finanzierung . . . . . . . . . . . . . . . . . . . . . . . . . 199
Übungsleiter . . . . . . . . . . . . . . . . . . . . . . . . . 200
Zusammenarbeit mit den Eltern . . . . . . . . . . . . . . . . 201
Absprachen mit der Gemeinde / Halle . . . . . . . . . . . . 202

## 8 Organisation einer Schwimmstunde

Organisation und Übungsraum . . . . . . . . . . . . . . . . 204
Organisation und Schüler . . . . . . . . . . . . . . . . . . . 205
Organisation und pädagogische Ziele . . . . . . . . . . . . . 208
Organisation und Verständigung . . . . . . . . . . . . . . . 208
Organisation und Sicherheit . . . . . . . . . . . . . . . . . 209
Organisationsformen in der Wassergewöhnung . . . . . . . . 210

## 9 Wahl der Anfangsschwimmart

Kraulschwimmen . . . . . . . . . . . . . . . . . . . . . . . 216
Brustschwimmen . . . . . . . . . . . . . . . . . . . . . . . 216
Rückenschwimmen . . . . . . . . . . . . . . . . . . . . . . 218
Kombinationsprinzip . . . . . . . . . . . . . . . . . . . . . 218

## 10 Hilfsmittel beim Schwimmlehrgang für Anfänger

Bunte Kinderspielsachen · Große leichte Bälle und Luftballons · Gymnastik- 220
und Kunststoffbälle · Stab (Stange), Schwimmsprosse, Holzreifen (Gymnastikreifen) · Leine, Tau, Schnur · Kleine Tauchringe · Schwimmbrett · Pull-Buoy · Korkweste, aufblasbare Armreifen, Schwimmweste · Tischtennisbälle, Flaschenkorken · Beckenwand und Treppe

## 11 Probleme der Angst beim Schwimmen

Definition: Angst – Furcht . . . . . . . . . . . . . . . . . . 232
Theorien zur Entstehung der Angst . . . . . . . . . . . . . . 232
Merkmale der Angst . . . . . . . . . . . . . . . . . . . . . 233
Angstfördernde psycho-soziale Situationen in der Schule . . . . . 234
Die Angst im Sportunterricht . . . . . . . . . . . . . . . . . 235

Die Angst im Schwimmunterricht . . . . . . . . . . . . . . . 235
   Die Schwellenangst . . . . . . . . . . . . . . . . . . 236
   Die Angst vor den unbekannten Räumlichkeiten . . . . . . . . . 237
   Allgemeine Angst vor dem Wasser . . . . . . . . . . . . . . 238
   Die Angst vor den ungewohnten Eigenschaften des Wassers . . . . 239
   Die Angst vor dem Schwimmen im Tiefwasser . . . . . . . . . . 240
   Die Angst vor dem Ertrinken . . . . . . . . . . . . . . . . 246
   Die Angst vor neuen Aufgaben . . . . . . . . . . . . . . . 247
   Die Angst vor Personen . . . . . . . . . . . . . . . . . . 248
   Versagensängste . . . . . . . . . . . . . . . . . . . . 250
   Die Angst vor Krankheiten . . . . . . . . . . . . . . . . 251

## 12 Literatur und Filme im Anfängerbereich
   Literatur im Anfängerbereich . . . . . . . . . . . . . . . . 254
   Filme im Anfängerbereich . . . . . . . . . . . . . . . . . 255

# Einführung

Das vorliegende Buch „Zielgerichtete Wassergewöhnung" ist an alle jene gerichtet, die den Wunsch und die Absicht haben, die eigenen oder die ihnen anvertrauten Kinder zu wirklichen „Wasserratten" zu machen: die Eltern, Lehrer, Erzieher, Schwimmeister sowie die Übungsleiter in den Vereinen, in der Deutschen Lebens-Rettungs-Gesellschaft und im Deutschen Roten Kreuz.

Es soll ihnen helfen, die ohnehin meist knapp bemessene Bade-, Übungs- oder Unterrichtszeit zielgerichtet und dennoch spielerisch-freudvoll zu gestalten und zu nutzen. Nur wirklich wassergewöhnte Kinder werden später das nasse Element als gleichberechtigten Spiel- und Tummelplatz neben Turnhalle, Sportplatz, Wald, Wiese und Strand werten und akzeptieren.

Die optimal vermittelte Wassergewöhnung schafft die unentbehrliche Grundlage für die beiden weiterführenden Lernzielebenen im Schwimmen und Wassersport:

— für die Ausbildungsstufe, in der verschiedene Techniken gelehrt werden, von den einzelnen Schwimmarten mit ihren Starts und Wenden über das Strecken- und Tieftauchen bis hin zu den Formen des Transportierens und Rettens,

— für die Anwendungsstufe, in der das Schwimmen seinen wirklichen Freizeitwert erfährt, so beim Baden und Schwimmen, beim Kunstspringen und Leistungsschwimmen, beim Wasserballspiel und Synchronschwimmen, beim Tauchsport sowie bei der Mitarbeit in den Organisationen der DLRG und der Wasserwacht des DRK und nicht zuletzt bei der Ausübung der Wassersportarten wie Segeln, Surfen, Paddeln und Rudern, für die der Erwerb eines Schwimmzeugnisses unverzichtbare Voraussetzung ist.

Mit dem Blick auf diese Gesamtausbildung im Schwimmen haben wir versucht, in dem vorliegenden Buch die beiden Hauptziele der Wassergewöhnung so vollständig wie möglich darzustellen.

1. die Gewöhnung an das Element Wasser,

2. die Vorbereitung der zweiten Lernzielebene, der Ausbildungsstufe.

Praktische Versuche und langjährige Erfahrungen im Schwimmunterricht in der Schule, im Verein, im Kindergarten und in der DLRG bilden die Grundlage für die angebotenen Übungsreihen. In Fortbildungslehrgängen mit Lehrern und Erziehern sowie im Turnerbund und Schwimmverband sind die Erfahrungen, Erkenntnisse und Ergebnisse aus der Praxis ständig kritisch diskutiert worden.

Viel Raum haben wir den Spielen in der Wassergewöhnung gewidmet. 42 Spiele sind anschaulich beschrieben und mit Hinweisen auf ihren methodischen Einsatz und ihre Zielgebung innerhalb der Wassergewöhnung versehen. Jedem Spiel ist ein Foto beigegeben, das den Spielablauf verdeutlichen soll.

In anderen Kapiteln des Buches werden Hilfen bei der Organisation eines Anfängerschwimmlehrgangs und einer Schwimmstunde angeboten. Der Ausbilder erfährt weiterhin Wesentliches über Leistungstests in der Wassergewöhnung, über die Wahl der Anfangsschwimmart sowie die Anwendung von Hilfsmitteln im Anfängerunterricht. Die praktischen Tips und Informationen sind in aller Kürze, fast in Form einer Checkliste, aufgereiht.

Da die Inhalte des Buches mit der von der Deutschen Sportjugend (DSJ) im Jahre 1980 geschaffenen Konzeption einer Sonderausbildung für Übungsleiter und Trainer „Schwimmen im vorschulischen Bereich" übereinstimmen, können sie richtungweisend für die Ausbildung der Übungsleiter aller Verbände auf dem Gebiet des Anfängerschwimmens sein.

DIETER GRAUMANN<br>WOLF PFLESSER

Kiel, im März 1981

## Vorwort zur 2., aktualisierten und ergänzten Auflage

Erfreulicherweise hat ein breit gestreutes Interesse an diesem Fachbuch eine 2. Auflage notwendig gemacht. Diese wurde aktualisiert in den Bereichen der Baderegeln und Schwimmprüfungen. Neu hinzugenommen wurde eine umfangreiche Darstellung der „Probleme der Angst beim Schwimmen" und deren Überwindung.

Wir danken allen Leserinnen und Lesern, die uns mit ihren Anregungen und ihrer Kritik bei der Neufassung dieses Buches wertvolle Hilfe leisteten.

DIE AUTOREN

Kiel, im März 1994

# Die erste Schwimmstunde

Aus der Sicht eines Schwimmschülers stellt der erste Besuch im Schwimmbad ein Wagnis dar, denn viele fremde Gegebenheiten und unbekannte Umstände stürmen auf ihn ein:
- die weiträumige Halle,
- die große Wasserfläche,
- die ungewohnte Akustik,
- die neuen Bezugspersonen,
- die fremden Mitschüler im Anfängerkurs.

Daher kommt der Vorbereitung der ersten Schwimmstunde eine besondere Bedeutung zu. Um seinen Schülern entsprechende Hilfen geben zu können, muß der Übungsleiter selbst mit den örtlichen Gegebenheiten vertraut sein. Erst dann ist er fähig, in dieser Stunde den Grundstein für einen zielgerichteten, konsequenten und erfolgreichen Schwimmunterricht zu legen.

## Was muß der Lehrer vor der ersten Schwimmstunde wissen?

a) **Über den Schüler**

- Verbieten bestimmte Krankheiten oder Behinderungen das Baden oder schränken sie es ein (z. B. Chlor-Allergie, Mittelohrentzündung, Epilepsie, Asthma u. ä.)?

Vor Beginn des Schwimmunterrichts sollte eine ärztliche Untersuchung aller Schwimmschüler gefordert werden. Vor Antritt einer Wanderfahrt genügt jedoch eine schriftliche Einverständniserklärung der Eltern, die wie folgt gestaltet sein könnte:

---

Einverständniserklärung

Ich erkläre mich damit einverstanden, daß mein(e) Sohn/Tochter *)

_____ während der Wanderfahrt am Baden und Schwimmen teilnimmt.

Es bestehen keinerlei gesundheitliche Bedenken gegen den Aufenthalt im Wasser. / Beim Baden müssen folgende Vorsichtsmaßnahmen bzw. Umstände beachtet werden: *) _____

_____

Mein Sohn / meine Tochter ist Schwimmer / Nichtschwimmer. *)

*) Nichtzutreffendes streichen!

_____, den _____

_____
(Unterschrift)

- Muß ein Schüler aus gesundheitlichen Gründen von einzelnen Übungen, wie z. B. Tauchen oder Kopfsprüngen, ausgeschlossen werden?
- Muß ein Schüler wegen einer gerade überstandenen Krankheit besonders geschont werden?
- Ist ein Schüler, bedingt durch frühkindliche Erlebnisse, mit großen Angstgefühlen vor dem Wasser belastet?

**b) Über die Schwimhalle/das Freibad**
- Standort des Telefons.
- Telefonnummer des zuständigen Arztes, des Rettungswagens.
- Standort des Verbandkastens.

  Der Lehrer sollte kontrollieren, ob dieser mit dem notwendigen Material gegen im Schwimmbad häufig auftretende Verletzungen ausgestattet ist, wie z. B. zur Ersten Hife gegen Platz-, Schürf- und Schnittwunden.
- Standort und Funktionstüchtigkeit der Rettungsgeräte (bei Bädern mit Badepersonal können die Vollständigkeit des Verbandkastens sowie die Einsatzbereitschaft der Rettungsgeräte vorausgesetzt werden).
- Übersicht über vorhandene Schwimmhilfen und deren Aufbewahrungsort.

Sechs Zielpunkte müssen vom Lehrer in der ersten einweisenden Stunde angesprochen werden:
1. die für den Besuch der Schwimmstätte erforderlichen Bade-Utensilien,
2. Schüler- und Lehrerverhalten vor Stundenbeginn,
3. die Einweisung der Schüler in die räumlichen und funktionellen Gegebenheiten der Schwimmanlage,
   - der Umkleideraum,
   - der Duschraum,
   - die Schwimmhalle selbst,
   - die Badeordnung.
4. Hinweise auf die besonderen Gefahren im Schwimmbad,
5. das Erwerben fester Gewohnheiten und Verhaltensweisen beim Aufenthalt im Schwimmbad,
6. das Verhalten nach der Schwimmstunde auf dem Heimweg.

## Erforderliche Bade-Utensilien

**a) Was benötigt der Schüler?**
- Badebekleidung,
- Badekappe,
- ein großes Handtuch,
- Seife und Seifendose,
- Kamm oder Haarbürste,
- evtl. Münzen für die Benutzung eines Haarföhns,
- evtl. ein Münzstück für einen verschließbaren Schrank,
- Kopfbedeckung (für die kalte Jahreszeit).

**b) Was sollte der Schüler besser daheim lassen?**
- Geld, das im Schwimmbad nicht benötigt wird,
- Uhren und Schmuck,
- Hilfsgeräte wie Flossen, Taucherbrille, Taucheruhr, Auftriebshilfen usw., wenn deren Mitnahme nicht ausdrücklich vom Lehrer gefordert wird.

## Schüler- und Lehrer-Verhalten vor Stundenbeginn

Der Lehrer vereinbart mit seinen Schwimmschülern einen Treffpunkt vor dem Schwimmbad oder im Vorraum der Halle, auf jeden Fall jedoch möglichst weit vom Straßenverkehr entfernt. Dieser Treffpunkt gilt auch für alle folgenden Schwimmstunden.

Ein Zeitpunkt etwa fünf Minuten vor Einlaß in das Schwimmbad sollte eingehalten werden. Der Lehrer selbst trifft vor der verabredeten Zeit am Ort ein.

- Er stellt die Anwesenheit mittels vorbereiteter Anwesenheitsliste fest.
- Er spricht mit dem Schwimmeister die Zuweisung von Umkleideräumen ab.
- Er weist den Jungen und Mädchen den Weg zu den Umkleideräumen.
- Er gibt für den Fall der Verspätung in einer der folgenden Übungsstunden Verhaltensrichtlinien:
  · Der verspätete Schwimmschüler meldet sich unverzüglich an der Kasse oder am Einlaß.
  · In der Halle meldet er sich beim Lehrer.

## Einweisung der Schüler

### Verhalten im Umkleideraum

- Jedes Kind wählt seinen Platz zum Umziehen.
- Der Lehrer weist die Kinder in die Besonderheiten des Schwimmbades ein:
  · Barfußbereich,
  · Münzautomat zum Verschließen des Schrankes (ggf. Schlüsselausgabe für die Einzelschränke),
  · Sicherung der Wertsachen,
  · Lage der Mädchen- und Jungentoiletten
    (vor Beginn jeder Schwimmstunde ist stets die Toilette aufzusuchen!),
  · Lage der Mädchen- und jungenduschräume.
- Seifenkontrolle.
- Kontrolle, ob alle Bekleidungs- und persönlichen Gegenstände der Schüler in den Schränken untergebracht sind.
- Evtl. Hinweis auf die Schrankschlüssel, die an der Badebekleidung bzw. am Handgelenk zu befestigen sind.
- Hinweis: „Merkt euch eure Schranknummer für den Fall, daß ihr euren Schlüssel im Schwimmbad verliert!".
- Die Handtücher verbleiben im Umkleideraum.
- Der Lehrer führt die Kinder in die Duschräume.

**Verhalten im Duschraum**

- Einweisung in die Handhabung der Duschen: Warm- und Kalteinstellung.
- Es wird unbekleidet geduscht. Der Lehrer begründet diese Anweisung:
  · Der ganze Körper soll gereinigt werden.
  · Seife sammelt sich in der Badekleidung und wird ins Beckenwasser getragen.
- Richtiges Verhalten beim Duschen:
  · Vorduschen zum „Einweichen",
  · Dusche abstellen und Körper einseifen,
  · Seife gründlich vom Körper spülen,
  · Kalt nachduschen zum Abhärten und zum Anregen des Kreislaufs.
- Wassergewöhnung schon unter der Dusche:
  · Kopf unter die Dusche nehmen,
  · Gesich übersprühen lassen,
  · kaltes und warmes Wasser im Wechsel nehmen.
- Nach dem Abduschen: Duschen abdrehen!
- Kein Laufen und Toben wegen der Rutschgefahr auf den nassen Fliesen!

**Verhalten in der Schwimmhalle/im Freibad**

- Der Lehrer zeigt den ständigen Abstellplatz für die Seifendosen.
- Wer führt die Kinder durch die Halle und macht sie mit den Örtlichkeiten bekannt:
  · Toiletten für Jungen und Mädchen,
  · Schwimmeisterraum,
  · Geräteraum,
  · Wärmebänke,
  · Flachwasserbereich,
  · Tiefwasserbereich,
  · Sprungbereich,
  · Ausgang für Jungen und Mädchen.
- Der Lehrer weist den Schülern den ständigen Sammelplatz zu.
- Er gibt vor jeder Stunde Sicherheitshinweise:
  · Nicht laufen und herumtollen!
  · Nicht von den Seiten ins Becken springen!
  · Kein Schüler verläßt die Gruppe!
  · Wer auf die Toilette gehen muß, meldet sich beim Lehrer ab!
  · Anfänger haben am und im Tiefwasser nichts zu suchen!
  · Nehmt Rücksicht auf eure Mitschüler!
- Die Schüler lernen den Anfängerschwimmbereich kennen.
- Sie werden mit den notwendigen Ordnungsformen vertraut gemacht.
- Schon in der ersten Unterrichtsstunde versucht der Lehrer, sich einen Überblick über die Leistungsfähigkeit seiner Schüler zu verschaffen. Sein besonderes Augenmerk richtet er auf die ängstlichen und noch leistungsschwachen Schüler.

**Die Badeordnung**

Die Badeordnungen in den öffentlichen Schwimmbädern sind einander ähnlich. Alle Gemeinden haben jedoch in ihre Ordnungen bestimmte Punkte aufgenommen, die auf die Besonderheiten ihrer Schwimm- und Badeanlagen hinweisen.

Der Lehrer oder Übungsleiter muß die Schwimmschüler auf die wesentlichen Punkte der bestehenden Badeordnung hinweisen.

## Hinweise auf besondere Gefahren im Schwimmbad

In dem für die meisten Kinder noch unbekannten Umfeld eines Schwimmbades drohen vielfältige Gefahren, die häufig durch die Unerfahrenheit der Kinder sowie ihren unbeherrschten Bewegungsdrang ausgelöst werden und zu teilweise erheblichen Unfällen führen können. Sicherheitshinweise sind daher schon in der ersten Schwimmstunde vonnöten.

Diese Hinweise sollen Unfälle verhüten helfen und die Kinder schon früh – zusammen mit später durchzuführenden Maßnahmen – zum sicherheitsbewußten Verhalten im Schwimmbad erziehen.

Hier nur die wichtigsten Hinweise der Sicherheit für die erste Schwimmstunde:

- Nicht laufen und herumtollen, denn nasse Fliesen sind gefährlich glatt!
- Kein Schüler verläßt die Gruppe, ohne sich beim Übungsleiter abgemeldet zu haben (beispielsweise: Gang zur Toilette)!
- Nicht kopfwärts ins flache Wasser springen!
- Nehmt Rücksicht auf eure Mitschüler!
  Einige haben noch wenig Erfahrung mit dem Wasser; sie brauchen eure Hilfe und Unterstützung.
- Meidet das Schubsen und Drängeln!
- Haltet euch an die Übungs- und Sicherheitshinweise des Lehrers!

Darüber hinaus sollte der Übungsleiter seine Schüler mit der örtlichen Badeordnung vertraut machen. Badeordnungen öffentlicher Bäder sind zwar ähnlich, jedoch haben alle Gemeinden in ihre Texte bestimmte Punkte aufgenommen, die auf Besonderheiten ihrer Schwimmanlage hinweisen. Badeordnungen enthalten auch Sicherheitshinweise für den Badegast, deren Befolgung zum guten Einvernehmen mit dem Schwimmhallenpersonal beiträgt.

## Erwerben fester Gewohnheiten und Verhaltensweisen beim Aufenthalt im Schwimmbad

In der ersten Schwimmstunde sollen die Ansätze zu festen Verhaltensformen und Gewohnheiten der Schüler bei ihrem Aufenthalt im Schwimmbad geschaffen werden. Dies soll dazu führen, die Ordnungsmaßnahmen nach und nach zu reduzieren und einen übungsintensiven und dennoch sicherheitsorientierten Kursus zu gewährleisten.

Der Lehrer bespricht mit seinen Kindern

- den ständigen Stellplatz für Seifenbehälter, Dusch- und Haarwaschmittel. Nach der Übungsstunde läßt sich leicht feststellen, ob etwas vergessen wurde;
- den ständigen Sammelplatz zum Unterrichtsbeginn. Hier können kurze Informationen ausgegeben werden, die das Übungsvorhaben oder Änderungen in der Gruppeneinteilung betreffen.

Schließlich gehen die Schüler mit ihrem Übungsleiter ins Wasser. Sie lernen den Anfängerbereich kennen, werden mit den notwendigen Ordnungs- und Verständigungsformen bekannt gemacht und nach ihrer Leistungsstärke in Gruppen eingeteilt. Um sein künftiges methodisches Vorgehen planen zu können, verschafft der Übungsleiter sich bereits in der ersten Stunde einen Überblick über die Leistungsstärke der einzelnen Kursteilnehmer.

## Verhalten nach der Schwimmstunde und auf dem Heimweg

- Die Schüler werden auf die Notwendigkeit und die Benutzung der Fußduschen zur Vorbeugung von Pilzkrankheiten hingewiesen.
- Die Schüler sollen lernen, sich richtig abzutrocknen.
- Die Schüler sollen lernen, sich zügig anzukleiden. Bei kleineren Kindern wird der Lehrer oder Übungsleiter helfend eingreifen müssen. Eventuell sind dazu auch Eltern bereit.
- Die Schüler werden angewiesen, ihre Badekleidung an den dafür vorgesehenen Einrichtungen auszuwringen und in die Schwimmtasche zu legen.
- Jeder Schüler vergewissert sich, daß er keine persönlichen Gegenstände im Umkleideraum zurückgelassen hat.
- In der kalten Jahreszeit werden die Schüler veranlaßt, eine Kopfbedeckung (Mütze, Kopftuch, Kapuze) zu tragen.
- Gegebenenfalls sammelt der Lehrer die ausgegebenen Schrankschlüssel ein und gibt sie am Einlaß ab.
- Der Lehrer überprüft die Vollzähligkeit.
- Bevor er die Schüler entläßt, gibt er ihnen die Anweisung, auf kürzestem Wege nach Hause zu gehen und im Straßenverkehr Obacht walten zu lassen.
- Der Lehrer oder Übungsleiter verläßt als letzter die Schwimmstätte.

# Wassergewöhnung

**2**

# Allgemeine Vorbemerkungen

Der Ausbildungsbereich des Schwimmens umfaßt drei Lernzielebenen:
1. die Wassergewöhnung,
2. die Schulung der Techniken,
3. die Anwendung der Techniken in Sport und Freizeit.

Das folgende Schema verdeutlicht diesen Aufbau:

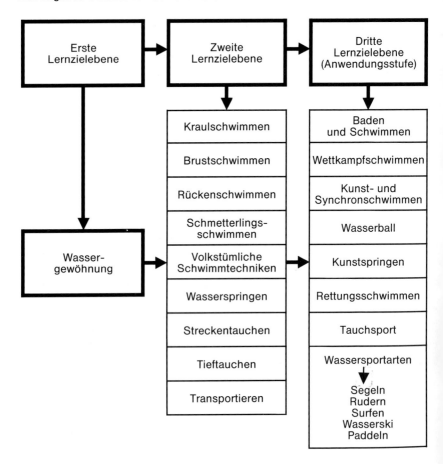

Der Wassergewöhnung kommt somit eine außergewöhnlich große Bedeutung zu. Sie schafft die Grundlage für die zweite Lernzielebene, ohne die die Anwendungsstufe undenkbar wäre.

Innerhalb des Gesamtaufbaues im Schwimmen muß die Wassergewöhnung zwei Aufgaben erfüllen:

1. Sie soll den Anfänger mit dem Wasser so vertraut machen, daß er dieses Element als Spiel- und Tummelplatz allen anderen Freizeitbereichen gleichsetzt. Das bedeutet für ihn
   - die Anpassung seines Körpers an die physikalischen Eigenschaften des Wassers,
   - die Anpassung seiner Bewegungen an das neue Element und
   - den Erwerb neuer senso-motorischer Erfahrungen, die nur im Wasser möglich sind.
2. Sie soll die zweite Lernzielebene vorbereiten. Das gilt für alle oben aufgeführten Techniken, Starts und Wenden eingeschlossen. Folgende Inhalte sollen dabei vorrangig Berücksichtigung finden:
   - die Schulung der Bewegungen um die verschiedenen Körperachsen;
   - die Vorschulung von Bewegungsabläufen, die später für das Erarbeiten der Schwimmtechniken von Bedeutung sind;
   - die Ausbildung der Muskulatur, die durch die Schwimmtechniken beansprucht wird;
   - der Abbau überhasteter, schneller Bewegungen zugunsten zügiger und ökonomischer.

Die Wassergewöhnung ist deshalb für den Lehrer in jedem Fall zielgerichtete Arbeit, auch wenn er die einzelnen Übungen in Spielformen einkleidet. Die beiden oben genannten Aufgaben der Wassergewöhnung lassen sich in Einzelbereiche gliedern:

1. die Anpassung an das Wasser (sieben Bereiche):

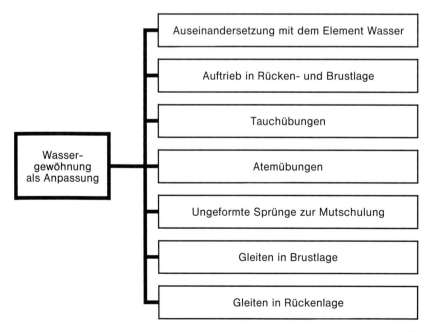

2. Die Vorbereitung auf die verschiedenen Techniken (sechs Bereiche):

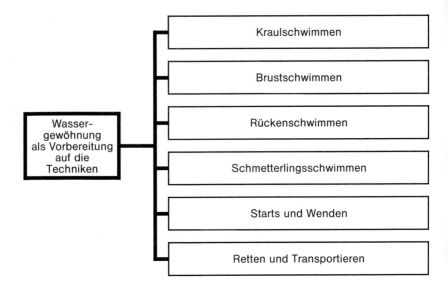

Die 13 aufgezeigten Bereiche sind wiederum in Teilbereiche untergliedert.

In jedem dieser Teilbereiche wird eine Übungsreihe angeboten, die vom Einfachen zum Schwierigen führt und eine Steigerung in der Forderung nach Leistung und Fertigkeit beinhaltet:

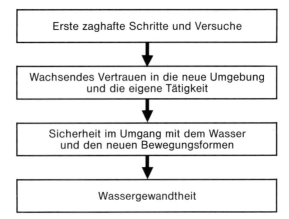

# Auseinandersetzung mit dem Element Wasser

Die ersten Schritte in den neuen Spiel- und Übungsraum werden von vielen Kindern der Eingangsstufe mit Vorsicht, manchmal auch mit einer gewissen Ängstlichkeit vollzogen. Aus diesem Grunde soll der Lehrer oder Übungsleiter von vornherein auf jeden Zwang verzichten und die Schüler durch leichteste Aufgabenstellungen in spielerischer Form an die Arbeit im Wasser heranführen.

Folgende Teilbereiche werden dabei angesprochen:

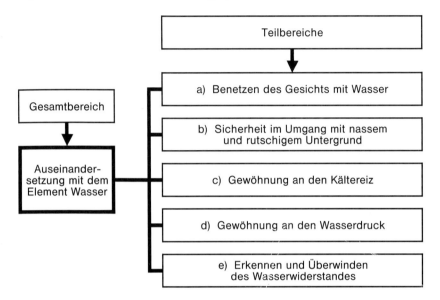

In der Eingangsstufe läßt sich diese Zielsetzung nur in kleinsten Schritten verwirklichen. Dazu kann sich der Lehrer verschiedener Hilfen bedienen, materieller wie psychologischer.

Als materielle Hilfsmittel bieten sich Stab, Schwimmbrett, Leine, Pull-Buoy, Schwimmsprosse, Beckenrand oder Treppenstufe an, die den Kindern eine gewisse Sicherheit bei ihren ersten Schritten im Wasser geben, die sie aber gleichzeitig von der neuen, den Schülern ungewohnten Umgebung ablenken.

Der Partner nimmt hier eine besondere Stellung ein. Er ist als Hilfe beweglich und kann aktiv eingreifen. Dadurch kann er zwar für manches Kind zum Risikofaktor werden, da in einem beginnenden Kurs die Vertrauensbasis zwischen den Kindern noch keinesfalls geschaffen ist; andererseits lassen sich aber mit einem Partner freudebetontere, motivierendere und vielseitigere Übungen durchführen.

Psychologische Hilfen durch den Lehrer sind um so bedeutungsvoller, je jünger der Schwimmanfänger ist. Aufmunternder Zuspruch, anerkennendes Lob für eine Leistungssteigerung sowie häufige Zuwendung führen dazu, daß jedes Kind in jeder Übungsstunde „sein Erfolgserlebnis" hat. Durch das Nachahmen der Übungen, die bei anderen zu Erfolgen führen, steigern sich die Kinder untereinander zu höheren Leistungen.

Ein Erfolgserlebnis hat erfahrungsgemäß eine große motivierende Wirkung auf das Kind. Es versucht nämlich mit großer Beharrlichkeit, seine Erfolgsübung zu wiederholen. Der Lehrer sollte es gewähren lassen und ihm so die Möglichkeit geben, seine gewonnene Leistungssteigerung zu festigen. In einer der nächsten Schwimmstunden werden die neu gewonnenen Erfahrungen mit dem Element Wasser Ausgangspunkt für eine weitere Leistungssteigerung sein (siehe Grafik).

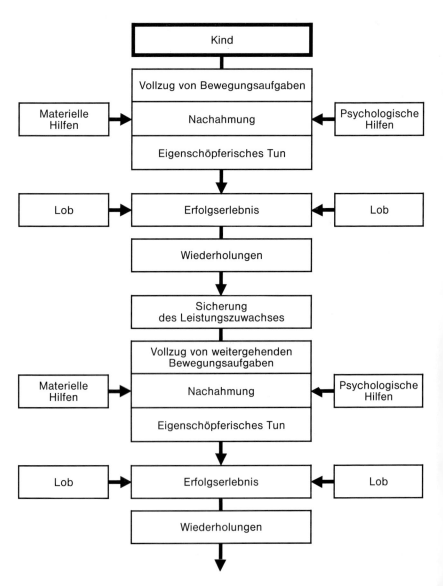

# Methodische Übungsreihen

## a) Benetzen des Gesichts mit Wasser

Viele Kinder im Vorschulalter können auf nur geringe Erfahrungen mit dem Element Wasser zurückgreifen. Gerade für diese Kinder sind die folgenden Übungen für das spätere gute oder schlechte Verhältnis zum Wasser von Bedeutung.

1. In der Badewanne: Vorübungen, die auch als Hausaufgaben in der Badewanne oder vor dem Waschbecken geübt werden können: Die Kinder nehmen warmes Wasser in die hohlen Hände und waschen sich das Gesicht. Sie schütten es sich über die Stirn und lassen es über das Gesicht wieder in die Badewanne oder das Waschbecken zurücklaufen. Zunächst können sie die Augen dabei geschlossen halten, später „dürfen" sie sie auch öffnen. Sie tauchen zunächst den Mund, dann das Gesicht und zuletzt den Kopf ins Wasser. Dabei können sie beide Hände vor das Gesicht pressen *(Abb. 1)*.

Abb. 1

Abb. 2

Allmählich wird kälteres Wasser gewählt, bis die Schwimmbad-Temperatur erreicht ist. Solange es den Kindern Spaß macht, kann die Wassertemperatur auch noch weiter auf 20 bis 15° C gesenkt werden, jedoch niemals sollen die Kinder gezwungen werden.

2. Unter der Dusche: Die Kinder lassen sich das Wasser in die hohlen Hände laufen und waschen sich das Gesicht. Später nehmen sie den Kopf kurzzeitig unter die Dusche. Zunächst pressen sie die Hände noch vor das Gesicht, dann bleibt es frei, die Augen sind aber noch geschlossen.

   Letztes Ziel dieser Vorübung ist es, beim Duschen die Augen offen zu halten. Mutige lassen sich das Duschwasser sogar ins Gesicht sprühen. Auch hier soll die Temperatur des Wassers langsam der des Schwimmbades angepaßt werden *(Abb. 2)*.

3. Wechselbäder: Im vorigen Abschnitt haben die Kinder gelernt, den Sprühregen der Dusche über ihren Kopf und ihr Gesicht laufen zu lassen. Nun

macht es ihnen Spaß, im Gänsemarsch unter den Duschen entlangzugehen. Dabei ist abwechselnd eine Dusche auf warm und eine auf kalt eingestellt. Für ganz Mutige können am Schluß alle Duschen auf kalt gestellt werden.

4. Die Kinder sitzen auf der Treppe des Lehrbeckens. Das Wasser reicht ihnen bis an die Schultern. Sie wiederholen die Übungen des Gesichtwaschens.

5. Wir spielen „Regen": Mit den Händen schöpfen die Kinder Wasser aus dem Lehrbecken, werfen es hoch und lassen es wieder auf sich herabfallen. Als Organisationsformen bieten sich hier der Sitz auf der Treppe, die Kreisform oder der freie Stand im Lehrbecken an.

6. Wie spielen „Wasserfall": Das Wasser wird direkt auf den Kopf geschüttet. Es läuft an den Ohren vorbei oder über das Gesicht ins Becken zurück. Organisationsformen wie unter Punkt 5.

7. Die Schüler klatschen mit den flachen Händen auf das Wasser. Es spritzt hoch, und einige Tropfen treffen dabei das Gesicht.

8. Im Sitz auf der Treppe wirbeln die Kinder das Wasser durch kräftigen Kraulbeinschlag auf. Es soll möglichst weit spritzen, damit viele Tropfen auch ins Gesicht fallen. Die Kinder wischen diese jedoch nicht fort, sondern lassen sie von selbst wieder ins Becken zurücktropfen.

9. Spritzschlacht: Die Schüler stehen im Kreis im Lehrbecken. Sie spritzen sich gegenseitig mit Wasser. Ängstlichen Kindern ist es erlaubt, sich mit dem Rücken zur Kreismitte zu stellen. Das Spiel kann auch so abgewandelt werden, daß sich der Lehrer in die Mitte des Kreises stellt. Alle Kinder dürfen ihn naßspritzen; er selbst darf sich revanchieren.

### b) Sicherheit im Umgang mit nassem und rutschigem Untergrund

Diese Übungsreihe legt ihren besonderen Akzent auf vorbeugende Unfallverhütung. Jede Schwimmhallenordnung verbietet das Laufen und Herumtollen innerhalb des Bades, weil erfahrungsgemäß viele Unfälle durch Ausrutschen und Stürze entstehen. Hier zeigt die Erziehung zur Unfallverhütung deutliche Lücken. Lehrer und Übungsleiter müssen Sorge tragen, daß das Prinzip der Unfallverhütung in jeder Stunde wirksam wird.

1. Alle Schüler werden vor der ersten Schwimmstunde auf den Teil der Hallenordnung hingewiesen, der das Laufen im Hallenbereich verbietet. Der Lehrer oder Übungsleiter gibt eine kurze Begründung. Er achtet im Verlauf aller folgenden Schwimmstunden konsequent auf die Einhaltung des Verbots. Wiederholungen der Ermahnung sind gerade bei jüngeren Kindern, die zum schnellen Vergessen neigen, angebracht.

2. „Skilaufen": Die Kinder rutschen mit langen Schritten über den Boden, ohne die Füße anzuheben. Der Duschraum ist für diese Übung genauso geeignet wie nasser Hallenboden, die Treppenstufen oder der Boden des Lehrbeckens. Die Schüler gewinnen auf diese Weise erste Geherfahrungen auf nassem und rutschigem Untergrund.

3. Die Kinder gehen zunächst vorsichtig, dann aber in zunehmendem Maße zügiger die Treppenstufen des Lehrbeckens ab- und aufwärts. Einige Schüler werden sich noch am Geländer festhalten, andere versuchen es Hand in Hand mit einem Partner. Die einen ziehen von Stufe zu Stufe den zweiten Fuß nach, andere nehmen schon mit jedem Schritt eine Stufe. Alles ist

erlaubt, erobern die Schüler sich doch mit jedem Schritt einen neuen Bereich des Übungsraumes „Lehrbecken".

4. Die Kinder spielen „Schlange". Der Lehrer geht voraus und hält die ängstlichsten Schüler an der Hand. Alle übrigen folgen mit Handfassung. Sie gehen die Treppe des Lehrbeckens hinab und wieder hinauf. Sie gehen auch schon durch den flachen Teil des Lehrbeckens, in dem das Wasser den kleinsten Kindern bis zur Brust reicht. Zur Sicherheit grenzt eine Leine den Bereich ab, der für sie Tiefwasser bedeutet. Später teilt sich die große Schlange auf in viele kleine Schlangen, bei denen höchstens drei bis vier Kinder durch Handfassen verbunden sind *(Abb. 3)*.

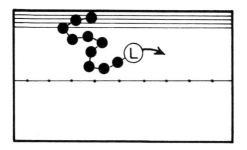

Abb. 3

5. Jeder Schwimmanfänger bekommt ein Brett in die Hand und schiebt es durch den Teil des Lehrbeckens, in dem das Wasser ihm bis zur Brust, höchstens bis an die Schultern reicht. Wir spielen Dampfer und steuern das Brett im Lehrbecken hin und her. Das Kind sichert seine ersten vorsichtigen Gehversuche im Wasser, wird durch das Rollenspiel von eventueller Angst abgelenkt und fühlt sich außerdem durch das Schwimmbrett in seiner Hand gesichert.

6. Wir spielen „Auto". Das Schwimmbrett in der Hand der Kinder wird durch einen Tauchring ersetzt. Dieser Ring stellt das Lenkrad dar. Die Kinder „kurven" nun vor- und rückwärts durch das Lehrbecken, fahren umeinander herum, jeder seinem Können angepaßt, der eine vielleicht noch auf der Treppe oder in Reichweite des Beckenrandes, der andere schon voller Mut in schultertiefem Wasser *(Abb. 4)*.

Abb. 4

7. Nachdem die Kinder im Gehen sicher geworden sind, trauen sie sich an das Hüpfen. Auch hier beginnen wir einfach: Alle hüpfen mit geschlossenen Füßen die Treppenstufen hinunter und hinauf. Sie hüpfen auf den Stufen entlang, zunächst nur mit den Füßen im Wasser, später von Mal zu Mal eine

tiefere Stufe wählend. Mit zunehmendem Können hüpfen sie dann auch auf dem Beckenboden herum. Ängstliche Schüler dürfen sich noch ein Schwimmbrett holen, um sich besser im Gleichgewicht halten zu können.

8. Wir spielen „Raupe". Wieder hüpft der Lehrer an der Spitze. Die Kinder folgen, jeder seinem Vordermann die Hände auf die Schultern legend. So bewegt sich die „Raupe" immer wieder durch das Lehrbecken.

9. „Hüpfkarussell": Alle Kinder hüpfen an einem beliebigen Platz auf der Stelle und drehen sich dabei links und rechts herum *(Abb. 5)*.

Abb. 5

10. Jetzt bewegen sich die Kinder schon mit einer gewissen Sicherheit im Lehrbecken, aber das genügt uns noch nicht. Laufen ist schwieriger. Vorsicht! Wer zu hastig läuft, verliert das Gleichgewicht und fällt vornüber. Am besten geht es mit zügigen, langen Schritten. Die Hände unterstützen, indem sie vorgreifen und mithelfen, den Körper durch das Wasser zu ziehen.

11. „Wer fürchtet sich vor'm schwarzen Mann?"

    Ein Schüler spielt den schwarzen Mann und stellt sich an eine Seite des Lehrbeckens. Alle übrigen stehen ihm gegenüber.

    Der „schwarze Mann" ruft: „Wer fürchtet sich vor'm schwarzen Mann?"

    Die Kinder antworten: „Niemand!"

    Der „schwarze Mann" fragt: „Und wenn er kommt?"

    Die Kinder erwidern: „Dann laufen wir!"

    Gleichzeitig laufen alle Kinder zur gegenüberliegenden Beckenseite. Der „schwarze Mann" versucht, möglichst viele abzuschlagen. Sie werden beim nächsten Durchgang zu „schwarzen Männern". Wer zuletzt noch frei ist, wird zum „schwarzen Mann" für das nächste Spiel *(Abb. 6)*.

12. „Schwarz oder weiß": Zwei Gruppen stehen sich im Lehrbecken in etwa 2 m Abstand gegenüber. Die eine Gruppe ist „schwarz", die andere „weiß". Auf den Ruf des Lehrers: „Weiß!" versuchen die „Weißen", möglichst viele Schüler der Gegenpartei abzuschlagen, bevor diese die Beckenwand erreicht haben *(Abb. 7)*.

13. Staffeln im Lehrbecken: Schon in dieser Phase lassen sich leichte Staffelformen mit den Kindern durchführen. Sie sichern die Erfahrungen mit dem rutschigen Untergrund. Nach Möglichkeit sollte der Lehrer Staffeln mit gerin-

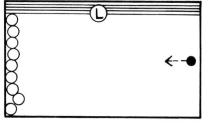 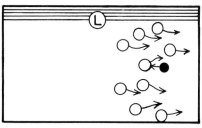

a) Ausgangsstellung  b) beim Spiel

Abb. 6

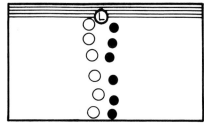 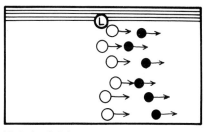

a) Ausgangsstellung  b) beim Spiel

Abb. 7

ger Schülerzahl einteilen, denn gerade kleine Kinder frieren schnell und müssen deshalb in der kurzen Zeit ihres Wasseraufenthaltes ständig in Bewegung sein.

Wir wählen Staffeln aus dem Erfahrungsbereich der Kinder:

— Gehen mit möglichst langen Schritten;
— Laufen vor-, rück- und seitwärts mit und ohne Unterstützung der Arme;
— Hüpfen.

14. Nachdem die Kinder durch diese Spiele noch mehr Sicherheit gewonnen haben, lassen wir sie rückwärts hüpfen, eine Übung, die schon einiges Geschick und ein gutes Gleichgewicht von ihnen fordert. „Vorsicht vor zu schnellem Hüpfen! Ihr fallt sonst um!" Der Lehrer steht auf alle Fälle bereit, um ihnen schnell wieder aufzuhelfen.

15. Jetzt geht es auch schon auf einem Bein: Die Schüler hinken, jeder für sich, durch das Lehrbecken. Zunächst nehmen sie ihr „Lieblingsbein", dann auch das andere. Das Hinken erhöht die Sicherheit, sich auf dem rutschigen Untergrund zu bewegen.

16. „Reiterkampf": Später, wenn die Kinder schon tauchen können und auch sonst die Angst vor dem Wasser verloren haben, läßt sich dieses Spiel durchführen. Zwei Schüler bilden jeweils ein Gespann. Der eine spielt das Pferd, der andere sitzt als Reiter auf dem Rücken seines Partners. Jedes Gespann versucht, durch Schieben, Ziehen oder Stoßen möglichst viele

andere Gespanne umzuwerfen. Abgeworfene Reiter können wieder aufsitzen und von neuem in den Kampf eingreifen. Der Reiterkampf bietet sich an als Einzelkampf, jeder gegen jeden, oder als Wettkampf zweier gleichstarker Gruppen.

c) **Gewöhnung an den Kältereiz**

Gerade die Kinder der Eingangsstufe werden durch kaltes Wasser abgeschreckt; zumindest wird ihre Lust am Baden vermindert. Die Fünf- bis Siebenjährigen empfinden Wasser unter 25° C schon als kalt. Sie beginnen dann leicht zu frieren. Selbst abwechslungsreiche und dynamische Spiele, optimal dargeboten, sprechen sie nicht mehr an. Der Grund hierfür ist in dem Verhältnis von Körpermasse zu -oberfläche zu suchen, das sich im Vergleich zum Erwachsenen recht ungünstig darstellt. Die ideale Badetemperatur für die Kinder der Eingangsstufe liegt zwischen 27° und 30° C. Die Lufttemperatur sollte 2 bis 3° C darüber liegen. Diese finden wir an Warmbadetagen in unseren Schwimmhallen und Freibädern. Da aber auch 27° C etwa 10° C unter der normalen Körpertemperatur des Kindes liegen, werden die Schüler nach einiger Zeit zu frieren beginnen. Die Spanne vom Beginn des Badens bis zum Einsetzen des Frierens ist abhängig von verschiedenen Faktoren, die der Lehrer durchaus beeinflussen kann.

1. Auf einem Elternabend schlägt der Schwimmlehrer vor, die Dusch- oder Badetemperatur zu Hause langsam der des Schwimmbades anzugleichen. Das kann so geschehen, daß während des Badens zusätzlich kaltes Wasser in die Wanne gegeben wird. Wenn der Schüler längere Zeit badet, wird das Wasser von selbst abkühlen. Später kann das Badewasser von vornherein kühler gewählt werden, ca. 30° bis 33° C. Erfahrungsgemäß wird es nach diesen Vorarbeiten kaum noch Schwierigkeiten geben, die Kinder in das kühlere Wasser des Schwimmbades zu locken.

2. Der Lehrer sollte die Kinder immer kalt abduschen lassen, bevor er mit ihnen ins Wasser geht. Die Schüler empfinden dann das Wasser als relativ warm. Der Weg dazu führt über die sogenannten „Wechselbäder" oder über die Mischbatterie an der Dusche.

3. Die Kinder sollen nach Möglichkeit bei allen Übungen bis zu den Schultern im Wasser sein, damit sich Zug oder Verdunstungskälte nicht auswirken können.

4. Gerade im Bereich der Eingangsstufe lassen ständig wechselnde Bewegungsaufgaben die Schüler den Kältereiz vergessen. Die Vielseitigkeit muß von jedem Lehrer, der Kinder dieses Alters unterrichtet, in den Vorbereitungen berücksichtigt werden.

5. Auch durch eine hohe Übungsintensität läßt sich der Beginn des Frierens hinauszögern. Der Grundsatz „Alle Kinder sollen immer in Bewegung sein" hat hier eine besondere Bedeutung. Unter diesem Gesichtspunkt soll man bei der Vorbereitung jeder Schwimmstunde die Auswahl der Spiele und Übungsformen sehen. Nicht jedes Spiel, das den Kindern in der Turnhalle oder auf dem Rasen viel Spaß gemacht hat, läßt sich ins Lehrbecken übertragen.

6. Auch bei der Aufgabenstellung durch den Übungsleiter können Fehler gemacht werden. Wortreiche Erklärungen einer Bewegungsaufgabe oder eines Spiels sind während einer Schwimmstunde nicht angebracht. Die Aufgaben-

stellung muß kurz und treffend sein, sonst fangen die Kinder bereits beim Zuhören an zu frieren.

7. Bei den ersten Anzeichen echten Frierens (blaue Lippen, Gänsehaut, Zittern) sollen die Kinder zum Verlassen des Wassers aufgefordert werden, um sich abtrocknen und umziehen zu können. Diese Maßnahme hat besonders im Freibad ihre Bedeutung. Im Hallenbad kann sich der Schüler so lange auf die Wärmebank setzen, bis die Gruppe die Schwimmstunde beendet hat. Dadurch entzieht er sich nicht der Aufsicht durch den Lehrer. Schon nach der ersten Übungsstunde wird er die Kinder herausgefunden haben, die zu schnellem Frieren neigen. Er empfiehlt ihnen, in den folgenden Übungsstunden einen Bademantel oder ein großes Badelaken mit in das Schwimmbad zu bringen, mit dem sie sich trockenreiben können.

## d) Gewöhnung an den Wasserdruck

Der Wasserdruck wirkt sich auf den ganzen Körper aus. Er ist spürbar auf dem Brustkorb und am Kopf (Mittelohr, Stirnhöhle, Nasennebenhöhle, Kieferhöhle) und ist um so stärker, je tiefer der Körper ins Wasser eintaucht. Zunächst spüren die Kinder den Wasserdruck auf dem Brustkorb. Bei zu schwach ausgebildeter Atemmuskulatur glauben die Kinder, im Wasser nicht mehr atmen zu können. Selbst erwachsene Nichtschwimmer spüren dieses beklemmende Gefühl. Maßnahmen gegen dieses Einengen durch den Wasserdruck sind die Atemübungen. Dabei soll der Oberkörper zunächst teilweise, später völlig eingetaucht sein. Geschult wird ein besonders kräftiges Einatmen. Das Ausatmen wird durch den Wasserdruck eher noch vertieft. Deshalb soll der Schüler bei allen folgenden Übungen bewußt tief einatmen.

1. Sitz auf der Treppe, der Oberkörper befindet sich zunächst teilweise, dann ganz unter Wasser.
2. Liegestütz in Brustlage auf der Treppe, der Kopf ist zum Atmen angehoben *(Abb. 8)*.

Abb. 8

3. Liegestütz in Rückenlage auf der Treppe *(Abb. 9)*.

Abb. 9

4. Stützeln auf der Treppe oder auf dem Beckenboden.

5. Hockgang vor- und rückwärts in hüfttiefem Wasser *(Abb. 10)*.
6. Gehen vor- und rückwärts in schultertiefem Wasser.
7. Wie spielen „Schlange".
8. Wir spielen „Raupe" *(Abb. 11)*.

Abb. 10

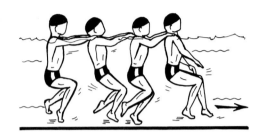
Abb. 11

9. Schwebesprünge in hüfttiefem Wasser vor- und rückwärts.
10. Hüpfkarussell in bauchtiefem Wasser.
11. Kreisaufstellung in brust- bis schultertiefem Wasser. Gehen im Kreis links und rechts herum, Gehen zur Mitte und rückwärts wieder nach außen.
12. Hangeln an der Überlaufrinne.
13. Ziehen und Schieben eines Partners *(Abb. 12)*.

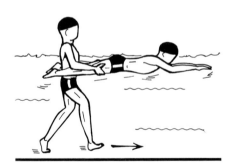
Abb. 12

14. Alle Gleitübungen in Brust- und Rückenlage mit und ohne Schwimmbrett, wobei der Kopf zum Atmen angehoben ist.

Die Reihe kann noch beliebig fortgesetzt werden. Wichtig ist bei der Auswahl der Übungen, daß der Brustkorb ins Wasser getaucht ist. Der Schüler verbindet in zunehmendem Maße den größeren Druck auf seinem Brustkorb mit dem Aufenthalt im Wasser. Mit dem Kräftigen der Atemmuskulatur geht das Druckempfinden mehr und mehr zurück. Das Ziel der Anpassung der Einatmung an den Wasserdruck ist erreicht.

Das Druckgefühl am Kopf — in den oben erwähnten luftgefüllten Hohlräumen — spürt der Schwimmer erst beim Tauchen. Sobald die Kinder diesen Druck bemerken, sollte der Lehrer sie darauf hinweisen, trocken zu schlucken, damit durch die Ohrtrompete ein Druckausgleich im Mittelohr herbeigeführt werden kann. Beim Tauchen verstärkt sich auch der Druck auf den Brustkorb.

Durch häufigen Aufenthalt unter Wasser wird jedoch die Atemmuskulatur derart gekräftigt, daß das einengende Gefühl auch hier im Laufe der Zeit nachläßt. Auf diese Weise müssen sich auch Fortgeschrittene ständig mit dem Wasserdruck auseinandersetzen. Die Übungen hierfür decken sich mit denen des Tauchens.

### e) Erkennen und Überwinden des Wasserwiderstandes

Im Gegensatz zum Wasserdruck wirkt sich der Wasserwiderstand nur in der Bewegung aus. Die Kinder spüren ihn beim Gehen, Laufen oder Hüpfen, beim Gleiten oder Schwimmen. Schmerzhaft macht er sich bemerkbar, wenn die Schüler kräftig mit den Händen aufs Wasser klatschen, oder wenn sie ins Wasser springen und dabei mit dem Gesicht, mit den Armen oder Beinen aufschlagen. Die Kinder sollen erfahren, daß sich der Wasserwiderstand sowohl positiv als auch negativ auswirken kann: positiv durch die Nutzung für den Vortrieb, negativ durch seine hemmende Wirkung.

1. Sitz auf der Treppe oder Stand im Lehrbecken: Die Kinder klatschen mit den Händen aufs Wasser.
2. Sie rudern und rühren mit den Händen hin und her.
3. Stütz in Brust- oder Rückenlage mit kräftigem Kraulbeinschlag.
4. Gehen und Laufen im Wasser vor- und rückwärts, einzeln und in Gruppen, in Form von Staffeln oder Ketten.
5. Hüpfen vor- oder rückwärts, einzeln, als Raupe oder als Hüpfkreisel.
6. Hinken.
7. Die Kinder halten ein Brett am Bauch und versuchen, es mit der Breitseite voran durch das Wasser zu schieben.
8. Verschiedene Sprünge von der Beckenkante oder von der Treppe in das flache Wasser des Lehrbeckens.

   Wichtig: Keine Kopfsprünge!
9. Ziehen oder Schieben eines Partners *(Abb. 13)*.

Abb. 13

10. Wasserstrudel: Alle Kinder gehen im Lehrbecken in einer Richtung möglichst dicht an der Wand entlang. Sie bemühen sich, schnell zu gehen und bringen

das Wasser des Lehrbeckens in eine Kreiselbewegung. Es bekommt eine Strömung. Diese Strömung ist ein idealer Tummelplatz für die Kinder:
- Sie können mit der Strömung viel schneller laufen.
- Ohne Eigenbewegung schießen sie wie ein Hecht durch das Wasser.
- Gegen die Strömung können sie sich kaum fortbewegen. Sie versuchen es trotzdem und mühen sich ab, bis das Wasser zum Stillstand gekommen ist.

11. Die Kinder spielen „Schwarz oder weiß".
12. Die Kinder spielen haschen. Alle Mitspieler bewegen sich im Lehrbecken. Die Bewegungsart ist freigestellt. Ein „Fänger" versucht, seine Kameraden abzuschlagen. Jeder Abgeschlagene wird automatisch zum Fänger, damit bis zum Schluß des Spiels alle Schüler in Bewegung sind. Der Schüler, der zuletzt noch frei ist, wird zum Fänger für das nächste Spiel.
13. „Skilaufen": Die Kinder rutschen mit langen Schritten über den Boden des Lehrbeckens, ohne dabei die Füße anzuheben.
14. Wir spielen „Wer fürchtet sich vor'm schwarzen Mann?".
15. „Schnecke": Die Kinder gehen in brusttiefem Wasser mit Handfassung in eine Spiralform, die im Laufe der Übung recht eng werden soll. Der Lehrer geht voran und steht am Ende im Zentrum. Auf umgekehrtem Wege kann sich die Schnecke wieder auflösen *(Abb. 14).*

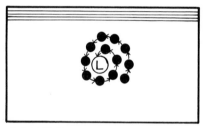

Abb. 14

„Schnecke"

16. Wir machen Wellen. Die ganze Gruppe steht an einer Seite des Lehrbeckens. Alle halten sich an der Überlaufrinne fest, drücken sich im gleichen Takt von der Wand ab und ziehen sich wieder heran. Dieses Abdrücken und Heranziehen wiederholt sich. Dadurch entstehen große Wellen im Lehrbecken, in denen es sich herrlich spielen läßt.

# Auftrieb in Rücken- und Brustlage

Der menschliche Körper ist im Wasser scheinbar gewichtslos. Er leistet folglich keine statische Arbeit, um die Schwimmlage, die sogenannte Gleitbootlage, zu erlangen. Diese Tatsache liegt im spezifischen Gewicht des menschlichen Körpers begründet, das dem des Wassers — etwa 1 — gleichkommt. Während die Schwere des Wassers in der Natur jedoch nur geringfügig zu ändern ist — etwa durch gelöste Salze —, so ist es hingegen dem Menschen möglich, sein spezifisches Gewicht mit Hilfe seiner Atmung bewußt zu verändern.

Je nach Körperbau, Knochenbau, Vitalkapazität und Trainingszustand beträgt das spezifische Gewicht des menschlichen Körpers

— nach intensiver Einatmung zwischen 0,98 und 0,90,

— nach intensiver Ausatmung zwischen 1,03 und 1,09.

Die bewußt gesteuerte Atmung ermöglicht dem Menschen, entweder an der Wasseroberfläche zu liegen, zu gleiten und zu schwimmen oder sich auf den Boden sinken zu lassen. Der Geübte schafft es sogar, unter Wasser eine Schwebelage einzunehmen, die ihn weder auftreiben noch absinken läßt.

Die Folgen dieses scheinbaren Gewichtsverlustes, den der menschliche Körper im Wasser erfährt, sind

1. der Fortfall der Haltearbeit, der zur Entspannung der gesamten Muskulatur führt. Die Medizin nutzt diesen Umstand schon seit langem bei der Lösung von Verkrampfungen und Verspannungen mittels Unterwassermassage und -gymnastik.

2. Die Entlastung des gesamten Stützapparates einschließlich der Gelenke und Bänder: Durch diesen Umstand kommt dem Schwimmen beim Ausgleich von Haltungsschwächen eine besondere Bedeutung zu, da die überdehnte Muskulatur sich nach der Entlastung des Skeletts und Entspannung der Gegenspieler durch gezielte Übungen in kurzer Zeit kräftigen läßt.

3. Die gesamte potentielle Kraft des Menschen kann in den Vortrieb gelegt werden. Dadurch finden wir schon bei Kindern erstaunliche schwimmerische Ausdauerleistungen.

Die Aufgabe dieses Teils der Wassergewöhnung ist es, den Kindern bewußt zu machen, was Auftrieb bedeutet. Sie sollen empfinden, daß auch ihr Körper den allgemeinen Gesetzen unterliegt. Weiterhin sollen sie lernen, den Auftrieb zu nutzen.

Entsprechend gliedert sich das Kapitel über den Auftrieb in vier Abschnitte. In ihnen sind Übungsreihen dargestellt, die zu den verschiedenen Teilzielen des Auftriebs führen:

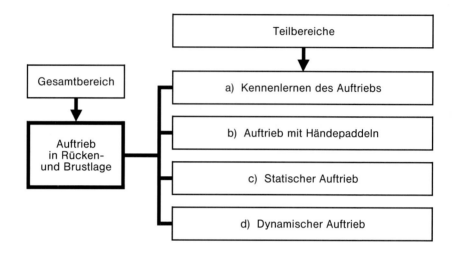

Um die Bedeutung des Begriffes Auftrieb zu erkennen, benutzen die Kinder verschiedene Gegenstände. Manche werden auf den Grund sinken, andere treiben an der Wasseroberfläche. Vielleicht ist auch einer dabei, der im Wasser schwebt. Oder sie beobachten ihren Körper, wie er nach tiefem Einatmen an der Wasseroberfläche schwebt und nach dem Ausatmen absinkt.

Später lernen sie, den Auftrieb durch Paddelbewegungen der Hände und Füße zu unterstützen, um dann nach dem Fortlassen jeglicher unterstützender Bewegungen zum statischen Auftrieb zu kommen, zum Schweben an der Oberfläche ohne Vortrieb und ohne Aktivität.

Der dynamische Auftrieb tritt nur beim aktiven Schwimmen in Gleitbootlage auf. Kopf und Schultern liegen hierbei etwas höher als die Füße. Durch einen beliebigen Antrieb wird ein so gelagerter Körper stets aus dem Wasser geschoben werden. Je größer seine Geschwindigkeit ist, desto höher liegt er im Wasser. Wir finden diesen Auftrieb schon beim Gleiten. Bei Spitzenkraulern ist er so stark ausgeprägt, daß Teile der Schultern und des Rückens ständig über der Wasseroberfläche liegen.

*Methodische Übungsreihen*

**a) Kennenlernen des Auftriebs**

1. Auftreiben in Rückenlage: Die Hände stützen den Übenden auf dem Beckenboden oder einer Treppenstufe. Durch tiefes Einatmen treibt der Anfänger an die Oberfläche. Atmet er wieder aus, sinken Füße, Beine und Gesäß nach unten *(Abb. 15).*

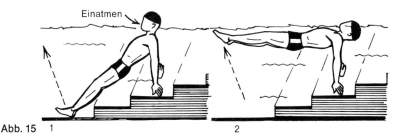

Abb. 15    1            2

Der Lehrer kann die Übung durch verschiedene Aufgaben variieren, die der Schüler nach vollzogener Einatmung auszuführen hat:
- „Streckt die Zehen aus dem Wasser!"
- „Zeigt eure Knie!"
- „Hebt die Hüften an die Oberfläche!"
- „Laßt die Beine gestreckt an der Oberfläche liegen!"
- „Streckt den Bauch aus dem Wasser!"
- „Legt euren Hinterkopf ins Wasser!"
- „Wer kann seine Ohren ins Wasser tauchen?"
- „Stützt euch nur noch mit den Fingerspitzen auf den Boden!"
- „Wer schafft es, die Fingerspitzen für kurze Zeit ganz vom Boden zu lösen?"

2. Auftreiben in die Bruststrecklage (siehe Ziff. 1.) *(Abb. 16)*.

Abb. 16    1            2

Auch hier lernen die Kinder, den Auftrieb mit der tiefen Einatmung zu verbinden, das Absinken mit der Ausatmung. Nach tiefem Einatmen lassen sie ihren Körper hin- und herpendeln oder stützeln sich auf den Treppenstufen vorwärts. Sobald sie den Kopf ins Wasser tauchen, können sie ihren Körper sogar mit einem Finger in der Schwebe halten.

3. Mancherlei Geräte vermitteln den Schülern den Begriff „Auftrieb". Sie spielen mit Gymnastikbällen, drücken sie unter Wasser, lösen ihre Hände und erfahren, daß die Bälle schnell an die Oberfläche treiben und manchmal sogar darüber hinausspringen *(Abb. 17, S. 36)*.

Abb. 17

Pull-Buoy und Schwimmbrett sind gleichermaßen zweckmäßige Hilfen zum Erfahren des Auftriebs. Sie gehören zum Inventar jedes Schwimmbades. Auch Flaschenkorken oder mitgebrachtes Spielzeug (Enten, Frösche, Fische, kleine Boote oder Puppen aus Plastik) eignen sich dazu.

4. Alle Kinder hangeln sich an der Überlaufrinne entlang. Das schaffen sie unter Aufsicht des Lehrers auch dann, wenn die Wassertiefe des Lehrbeckens ihre Körpergröße übersteigt. Je weiter sie ihren Körper dabei ins Wasser tauchen, desto leichter fällt ihnen diese Aufgabe.

5. Die Kinder tragen sich gegenseitig durch das Lehrbecken. Der Partner wird im Wasser federleicht. Wer diese Übung besonders gut ausführt, darf sogar den Lehrer im Wasser herumtragen.

6. Kreisaufstellung: Die Kinder stehen mit dem Gesicht zur Mitte und halten sich an den Händen. Jeder zweite legt sich auf den Rücken, die Ohren ins Wasser getaucht. Später findet Partnerwechsel statt. Die Schüler empfinden den Auftrieb und können eine Reihe von Übungen ausführen:

— Seitgrätschen und Schließen der Beine,

— Anhocken und Strecken der Beine,

— Rückenkraulbeinschlag,

— der ganze Kreis „wandert" rechts oder links herum,

— die Kinder hocken in der Rückenlage die Beine an und strecken sie wieder in die Brustlage.

7. Ziehen eines Partners durch das Lehrbecken. Wichtig ist dabei, daß die Arme des Übenden gestreckt sind und nicht aus dem Wasser gehoben werden. Zunächst wird der Partner in Bruststrecklage gezogen. Der Kopf ist zum Atmen angehoben *(Abb. 18)*.

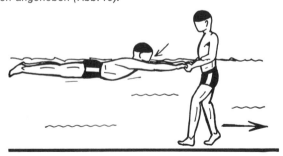

Abb. 18

Fortgeschrittene Schüler legen den Kopf schon ins Wasser und heben ihn nur noch zum Atmen an. Beim Gleiten üben sie den Kraulbeinschlag.

8. Ein Partner geht durch das Lehrbecken. Dabei paßt er sich in seiner Haltung so der jeweiligen Wassertiefe an, daß er sich stets mit seinen Schultern im Wasser befindet. Der Übende hält sich an seinen Schultern fest und läßt sich ziehen.

9. Ziehen in Rückenstrecklage. Für das gute Ausnutzen des Auftriebes ist es wichtig, daß der Übende tief einatmet und die Ohren ins Wasser taucht. Der Partner zieht mit dem Kopf- oder dem Achselschleppgriff. Dabei geht er mit großen Schritten rückwärts durch das Lehrbecken.

10. Schubkarre rückwärts: Ein Schüler geht zwischen den seitgegrätschten Beinen des Übenden und faßt dessen Knie. Der Übende liegt ruhig in Rückenlage und hält die Arme locker neben dem Körper. Später streckt er einen Arm in die Bewegungsrichtung, dann den zweiten. Mit zunehmendem Selbstvertrauen des Schülers faßt der Partner zunächst dessen Unterschenkel, dann die Füße und zuletzt nur noch die Zehen, wenn er ihn durch das Wasser schiebt.

11. Schubkarre vorwärts: Diesmal liegt der Übende in Brustlage, seine Arme sind vorgestreckt, sein Kopf ist angehoben. Mit zunehmendem Können legt er das Gesicht auf das Wasser und hebt es nur noch zum Atmen an.
(Aufgaben des Partners siehe Ziff. 10.)

12. Auftreiben in die Brustlage aus dem Stand an der Beckenwand: Die Schüler greifen die Überlaufrinne oder den Beckenrand. Nachdem sie tief eingeatmet haben, tauchen sie den Kopf ins Wasser und lassen sich langsam an die Oberfläche treiben *(Abb. 19)*. Dann atmen sie wieder aus. Körper und Beine sinken zum Beckenboden zurück.

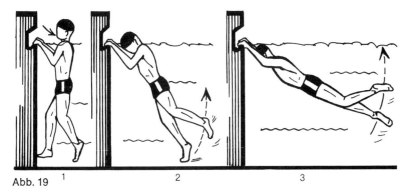

Abb. 19   1   2   3

13. Sie legen sich mit dem Hinterkopf auf den Beckenrand, atmen tief ein und spüren, wie sie an die Wasseroberfläche treiben *(Abb. 20)*.

Abb. 20

14. Übungen mit dem Schwimmbrett: Jeder Schüler hält sein Schwimmbrett mit beiden Händen, atmet tief ein, taucht den Kopf ins Wasser und läßt sich langsam an die Oberfläche treiben. Nach der anschließenden Ausatmung sinken Rumpf und Beine zum Beckenboden.
15. Übung mit dem Stab: Zwei Schüler halten einen Stab, ein dritter hält sich mit beiden Händen daran fest. Sonst wie Übung 14. Ähnlich ließe sich auch an der Schwimmsprosse üben.
16. Zwei Schüler stehen sich mit Handfassung gegenüber. Beide atmen tief ein, beugen sich vor, tauchen den Kopf ins Wasser und versuchen, sich unter Wasser anzusehen. Sie werden feststellen, daß es kaum möglich ist, bei dieser Übung mit den Füßen auf dem Boden zu bleiben. Der Auftrieb treibt ihre Körper an die Oberfläche *(Abb. 21)*.

Abb. 21

b) **Auftrieb mit Händepaddeln**

1. Schwebesprünge: Die Schüler befinden sich in der tiefen Hockstellung. Das Wasser umspült ihre Schultern. Mit kurzen Schlußsprüngen bewegen sie sich vorwärts. Wenn sie mit den Händen in Hüfthöhe zusätzliche Paddelbewegungen ausführen, können sie die Schwebephase noch verlängern.
2. Schwebesprünge rückwärts; wie bei 1. Vorsicht bei weiten, raumgreifenden Sprüngen! Die Kinder verlieren leicht das Gleichgewicht, wenn sie sich zu weit rücklegen.
3. „Hubschrauber": Paddelbewegungen und Anhocken der Beine wie bei den vorhergehenden Übungen. Die Beine werden jedoch so weit angehockt, daß sie dicht unter oder schon an der Wasseroberfläche liegen. Bei tiefer Einatmung läßt sich der „Hubschrauber" über längere Zeit durchhalten.
4. „Karussell": Es entwickelt sich aus dem „Hubschrauber", wenn der Übende seinem Körper einen Drehimpuls nach rechts oder links gibt.
5. Rückenstrecklage mit Händepaddeln: Auch hier beginnen wir mit dem „Hubschrauber". Sobald die Knie des Übenden die Wasseroberfläche erreichen, legt der Schüler seinen Kopf zurück, bis die Ohren ins Wasser eintauchen. Sein Blick ist hochgerichtet. Gleichzeitig streckt er Hüften, Knie und Füße. Er liegt nun ohne fremde Hilfe frei in Rückenlage. Durch Anhocken der Beine und Anheben des Kopfes lernen die Kinder, sich aus der Rückenlage wieder hinzustellen *(Abb. 22)*.

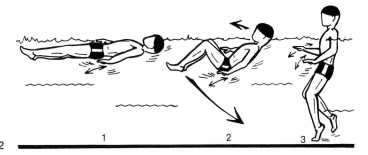

Abb. 22

6. Bruststrecklage mit Händepaddeln: Die Schüler hocken die Beine zum „Hubschrauber" an, tauchen nach tiefem Einatmen den Kopf ins Wasser und strecken Hüften, Knie und Füße in die Brustlage. Diese Übung fällt Kindern schwer, die noch nicht gelernt haben, den Kopf ins Wasser zu tauchen.

7. Wechsel zwischen Rücken- und Bruststrecklage mit Händepaddeln: Aus dem „Hubschrauber" streckt sich der Übende zunächst in die Rückenlage, hockt seine Beine dann wieder zum „Hubschrauber" an und streckt sich nach tiefem Einatmen in die Bruststrecklage. Sein Kopf taucht dabei ins Wasser ein *(Abb. 23)*.

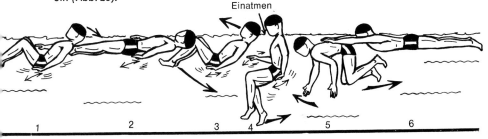

Abb. 23

### c) Statischer Auftrieb

1. Hockschwebe oder „Qualle": Die Kinder atmen tief ein, halten die Luft an, hocken sich auf dem Boden nieder, fassen ihre Unterschenkel und treiben an die Wasseroberfläche *(Abb. 24)*.

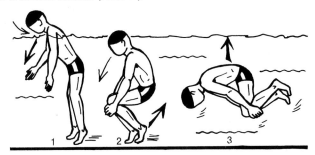

Abb. 24

2. Die Kinder versuchen, sich auf den Boden des Lehrbeckens zu setzen. Vorher haben sie tief eingeatmet und halten die Luft an. Diese Übung kann ihnen nicht gelingen, da der Auftrieb ihrem Bemühen entgegenwirkt.

3. „Toter Mann" in Brustlage: Die Schüler legen sich gestreckt aufs Wasser, Arme und Beine sind wenig abgespreizt. Da sie vorher tief eingeatmet haben, bleiben sie ruhig an der Oberfläche liegen *(Abb. 25)*.

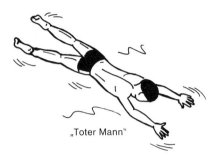

„Toter Mann"

4. „Toter Mann" in Rückenlage.

5. Auf Anweisung des Lehrers werden auch die statischen Auftriebsübungen von den Kindern variiert:

   — Zwei Partner halten sich an den Händen und spielen, so verbunden, den „Toten Mann" zu zweit.

   — Ein Partner drückt den Übenden gegen den wirkenden Auftrieb unter das Wasser. Der Getauchte treibt langsam an die Oberfläche zurück.

   — Die Kinder halten einen schweren Tauchring. Sie können sich damit auf den Boden setzen. Sobald sie den Ring ablegen, treiben sie hoch.

6. „Seestern" in Brustlage: Die Schüler legen sich nach tiefem Einatmen flach auf das Wasser, den Kopf eingetaucht. Arme und Beine sind weit zur Seite gespreizt *(Abb. 26)*.

Abb. 26

7. „Seestern" in Rückenlage: Körperlage wie unter Ziff. 6 beschrieben, aber auf dem Rücken. Die Ohren des Übenden sind ins Wasser getaucht, sein Blick ist hochgerichtet.

8. „Tauchstern" zu dritt oder viert in Brustlage: Mehrere Schüler fassen sich an den Händen und legen sich in Form eines Sterns flach auf das Wasser.

## d) Dynamischer Auftrieb

1. Gleiten in Brustlage mit Schwimmbrett; solange die Schüler eine gewisse Gleitgeschwindigkeit haben, treiben sie an der Oberfläche. Beim Nachlassen der Geschwindigkeit sinken Beine und Gesäß langsam ab *(Abb. 27)*.

Abb. 27 — Nachlassen der Gleitgeschwindigkeit

2. Schieben eines Partners in Gleitlage: Der Übende liegt in Brustlage im Wasser und läßt sich von einem Mitschüler, der seine Unterschenkel oder Füße gefaßt hat, durch das Wasser schieben. Der Partner drückt dabei die Füße des Übenden immer leicht unter die Oberfläche. Dadurch wird der dynamische Auftrieb möglich.
3. Freies Gleiten nach dem Abstoßen von der Treppe, der Beckenwand oder dem Beckenboden.
4. Gleiten in Rückenlage, mit und ohne Partner, mit und ohne Schwimmbrett.
5. Delphinsprünge mit anschließendem Gleiten an die Wasseroberfläche.
6. Gleiten in Brust- und Rückenlage mit Kraulbeinschlag.
7. Eingleitsprünge von der Treppe, dann Aufgleiten an die Wasseroberfläche *(Abb. 28)*.

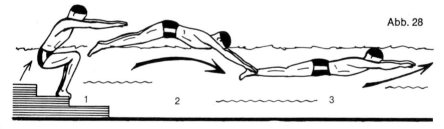

Abb. 28

8. Größere Geschwindigkeiten kann man nur durch die Nutzung von Hilfsmitteln erzielen. So macht es den Kindern viel Spaß, wenn man sie an einer Leine durch das Lehrbecken zieht.
9. „Torpedo": Die Schüler gleiten in Brust- oder Rückenlage im Lehrbecken. Von einem Mitschüler oder vom Lehrer erhalten sie durch kräftiges Schieben einen zusätzlichen Antrieb, der sie wie ein Torpedo durch das Wasser gleiten läßt.
10. Die Mitschüler bilden eine Gasse und ziehen und schieben den Übenden schnell durch das Lehrbecken, indem sie ihn von Partner zu Partner weitergeben.

# Tauchübungen

Das Tauchen ist ein wichtiger Bestandteil der Wassergewöhnung. Von der ersten Schwimmstunde an sollen die Kinder sich in kleinen Schritten den Bereich unter der Wasseroberfläche erobern und damit den neuen Übungs- und Spielraum Lehrbecken bis in den letzten Winkel schätzen und lieben lernen.

Der Aufenthalt unter Wasser will jedoch gelernt sein. Daher wird der Lehrer im Laufe des Anfängerkurses verschiedene Teilziele mit seinen Schülern erarbeiten (siehe Schema).

Bei allen Tauchübungen soll der Lehrer das Ausatmen gegen den Wasserdruck in die Aufgabenstellung einbeziehen. Es werden sich gewisse Überschneidungen von Atem- und Tauchübungen nicht vermeiden lassen.

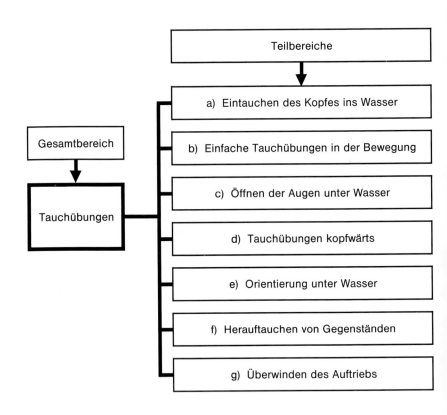

*Methodische Übungsreihen*

## a) Eintauchen des Kopfes ins Wasser

Bei diesen Übungen ist es wichtig, daß das Kind sich zunächst einen sicheren Halt verschafft. Gute Dienste leisten hierbei die Treppe, die Überlaufrinne, der Partner, der Stab oder ähnliche Dinge.

1. Sitz auf der Treppe; nacheinander tauchen die Kinder das Kinn, den Mund, die Nase, das Gesicht und schließlich den ganzen Kopf ins Wasser. Ängstlichen Kindern wird gestattet, dabei zunächst das Gesicht mit den Händen zu bedecken *(Abb. 29)*.

Abb. 29

2. Liegestütz auf der Treppe; die Kinder tauchen zunächst das Gesicht, später den ganzen Kopf ins Wasser.
3. Sie stehen am Beckenrand, ihre Hände ergreifen die Überlaufrinne. Auch hier tauchen sie zunächst das Gesicht, später den ganzen Kopf ins Wasser.
4. Die Schüler ziehen sich an der Überlaufrinne des Lehrbeckens entlang. An bestimmten Stellen, z. B. an einer Ecke, muß jeder den Kopf ins Wasser tauchen. Der Lehrer kann diese Übung auch variieren, indem er Leinen im Lehrbecken spannt. Wenn sich die Kinder an der Überlaufrinne entlangziehen, sind sie gezwungen, unter diesen Leinen durchzutauchen *(Abb. 30)*.

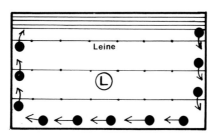

Abb. 30

5. Wir spielen Taucher: Jedes Kind trägt einen Ring in der Hand und hält ihn wie eine Tauchermaske vor das Gesicht. Es taucht das Gesicht ins Wasser. Mutige können dabei schon die Augen öffnen. Diese Übung kann sowohl im Sitz an der Treppe als auch frei im Lehrbecken ausgeführt werden.

6. Ein Partner stellt einen Stab senkrecht auf den Boden des Lehrbeckens und hält ihn oben fest. Der Übende ergreift diesen Stab und taucht *(Abb. 31)*.

Abb. 31

7. Ein Schüler hält einen Reifen an der Oberfläche, ein anderer taucht in den Reifen hinein und wieder hinaus.
8. Dreiergruppen: Zwei Schüler halten einen Stab an der Oberfläche, der dritte taucht von einer Seite zur anderen, dann Wechsel.
9. Übung in Kreisform: Die Kinder fassen sich an den Händen. Sie tauchen das Gesicht ins Wasser, heben den Kopf wieder an, ohne sich das Wasser aus dem Gesicht zu wischen. Sie schütteln nur den Kopf, die Wassertropfen fliegen hinunter.
10. Die gleiche Übung kann auch mit einem Partner durchgeführt werden. Zwei Schüler stehen sich mit Handfassung gegenüber. Abwechselnd tauchen sie das Gesicht ins Wasser. Die Handfassung soll verhindern, daß die Hände nach dem Auftauchen das Wasser aus dem Gesicht wischen. Mit zunehmendem Selbstvertrauen kann auf den Partner verzichtet werden. Die Hände werden zunächst noch auf den Rücken genommen, später ist auch das nicht mehr nötig.
11. Hier noch ein Tip für ängstliche Kinder, denen es Schwierigkeiten bereitet, den Kopf ins Wasser zu tauchen. Sie bekommen eine Schwimm- oder Taucherbrille. Da ihnen durch die Benutzung dieses Hilfsmittels der Raum unter Wasser sichtbar gemacht wird, vermindert sich ihr Angstgefühl. Auf diesem Weg verlieren sie die Abneigung gegen das Tauchen, zumal das Üben mit einer Taucherbrille eine gute Motivation ist.

### b) Einfache Tauchübungen in der Bewegung

1. Kreisaufstellung mit Handfassung: Alle Kinder hüpfen auf und nieder und singen im Rhythmus dazu: „Eins — zwei — drei — vier, runter mit dir!" Dann tauchen sie.

   Der Lehrer variiert das Spiel: „Wer kann unter Wasser langsam bis vier zählen?" „Wer schafft es, beim Tauchen die Luft auszublasen?" „Wer kann am längsten unter Wasser bleiben?"

2. **Zwerg und Riese:** Die Übenden stehen sich mit Handfassung zu zweit gegenüber. Abwechselnd gehen sie in die tiefe Hocke und tauchen so mit dem ganzen Körper ins Wasser *(Abb. 32)*.

Abb. 32

3. **Dreiergruppe:** Zwei Schüler stehen sich mit Handfassung gegenüber, die Arme knapp unter der Wasseroberfläche. Ein dritter taucht in diesen Raum hinein und wieder hinaus *(Abb. 33)*.

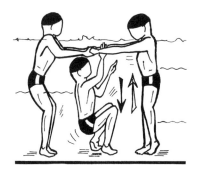

Abb. 33

4. Freier Stand zunächst am Rand, dann in der Mitte des Lehrbeckens. Die Kinder hocken sich nieder und springen dann so hoch wie möglich. Nach einiger Übung erfolgt mehrmaliger Wechsel zwischen tiefer Hocke und Strecksprung.

5. Hinunterdrücken eines Gymnastikballes auf den Boden. Die Kinder lassen den Ball dann hochschnellen und tauchen selbst wieder auf. Später soll das Kind versuchen, sich nach dem Auftauchen sofort zu orientieren und den Ball nach Möglichkeit auffangen.

6. Die Schüler tauchen unter eine durch das Lehrbecken gespannte Leine.

7. **Tauchhaschen:** Ein Schüler (bei größeren Gruppen zwei oder drei) versucht, andere abzuschlagen. Bei rechtzeitigem Untertauchen muß sich der Häscher einem anderen Mitspieler zuwenden.

8. Alle Schüler hüpfen mit Schwebesprüngen durch das Lehrbecken. Nach jedem Sprung tauchen sie das Gesicht ins Wasser ein.

9. Neben Brillen, Bällen oder Schwimmringen eignen sich auch fest installierte Geräte zum Tauchen. So können die Kinder an einer Sprossenwand ab- und wieder hochklettern. Auch Ausstiegsleitern können zu diesem Zweck benutzt werden.
10. Stützeln auf der Treppe oder auf dem Beckenboden: Das Gesicht befindet sich im Wasser und wird nur zum Atmen angehoben.
11. Die Kinder versuchen, sich auf den Beckenboden zu setzen. Es geht am besten, wenn sie wenig Atemluft in der Lunge haben. Zum Aufstehen drücken sie sich mit den Händen vom Boden ab.
12. Die Kinder springen hoch, hocken die Beine an und lassen sich ins Wasser „plumpsen". Sie tauchen unter und treiben wieder an die Oberfläche.
13. Partnerübung im brusttiefen Wasser: Ein Schüler kniet auf dem Beckenboden, der andere hält dessen Hände und ist beim Aufstehen behilflich *(Abb. 34)*. Später versuchen die Kinder diese Übung ohne die Hilfe eines Partners.

Abb. 34

### c) Öffnen der Augen unter Wasser

Bevor der Schwimmlehrer Tauchübungen kopfwärts durchführen läßt, müssen die Kinder aus Sicherheitsgründen gelernt haben, die Augen unter Wasser zu öffnen. Schon mit den einfachsten Tauchübungen kann dieses Ziel erreicht werden. Der Übungsleiter weist die Kinder an: „Versucht bei dieser Übung, die Augen unter Wasser zu öffnen!"

Viele Kinder werden diesem Vorschlag sicher nicht auf Anhieb folgen. Sie haben Angst vor dem Neuen, Ungewohnten. Durch geeignete Aufgabenstellung läßt sich aber auch diese Hürde mit der Zeit überwinden. Um sich zu vergewissern, daß die Kinder die Augen beim Tauchen öffnen, bedarf es eingestreuter Kontrollübungen.

1. Alle Schüler dürfen eine Schwimmbrille aufsetzen und sich unter Wasser umsehen. Sie entdecken die Beine ihrer Mitschüler, deren Gesichter mit den Schwimmbrillen; Tauchringe ziehen ihre Blicke auf sich. Sie dürfen sie heraustauchen. Dabei merken die Kinder, daß das Tauchen wesentlich interessanter ist, wenn man sich unter Wasser orientieren kann.
2. „Hausaufgabe": Alle Kinder üben das Tauchen in der Badewanne und versuchen, die Augen unter Wasser zu öffnen.

3. Nach zwei oder drei Übungsstunden hat der Lehrer die Schwimmbrillen „vergessen". Trotzdem verteilt er kleine Tauchringe an jeden Schüler. Sie dürfen damit spielen. Einige Schüler werden ohne Zögern mit geöffneten Augen tauchen, um den Ring heraufzuholen. Andere umgehen die Erfüllung der Aufgabenstellung noch, indem sie die Gegenstände mit den Händen ertasten oder mit den Füßen suchen und festhalten.

4. Fingerzählen: Die Schüler stehen sich im Lehrbecken zu zweit gegenüber. Ein Partner spreizt unter Wasser vor dem Gesicht des anderen eine Anzahl seiner Finger ab. Diese Zahl muß der Übende nach dem Auftauchen angeben *(Abb. 35).*

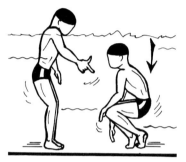

Abb. 35

5. Der Lehrer hält hinter seinem Rücken eine Reihe verschiedenfarbiger Ringe oder Tauchscheiben: Ein Schüler taucht, öffnet die Augen und gibt nach dem Auftauchen die Farbe des Gegenstandes an, den sein Lehrer ihm unter Wasser gezeigt hat.

6. Auf dem Boden liegen eine Anzahl roter und schwarzer Ringe dicht beisammen: Nur die roten sollen heraufgeholt werden.

7. Zwei Partner stehen sich mit Handfassung gegenüber. Beide tauchen gleichzeitig, öffnen die Augen und betrachten sich. Bei dieser Übung haben die Kinder viel Spaß an der durch das Wasser verzerrten Mimik ihres Gegenüber.

8. Die Kinder halten sich die Tauchringe wie Tauchermasken vor das Gesicht und spielen Taucher.

9. Der Lehrer selbst kontrolliert von Zeit zu Zeit, ob seine Schüler unter Wasser die Augen öffnen. Er steht dem Schüler mit Handfassung gegenüber, beide tauchen gleichzeitig und sehen sich an.

10. Liegestütz an der Treppe: Die Kinder tauchen den Kopf ins Wasser und versuchen, einen Schlüssel, eine Münze oder einen anderen kleinen Gegenstand auf der Stufe zu erkennen und aufzulesen *(Abb. 36).*

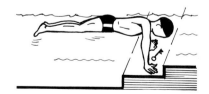

Abb. 36

### d) Tauchübungen kopfwärts (Überwinden des Stellarreflexes)

Neben dem Überwinden des Lidschutzreflexes stellt sich dem idealen Gleiten, den Eingleitübungen von der Treppe, den Delphinsprüngen und anderen Tauchübungen kopfwärts ein zweiter Reflex entgegen, der Stellarreflex. Die Kinder nehmen den Kopf weit in den Nacken, sobald sie mit dem Wasser in Berührung kommen. Manchen Kindern bereitet es große Schwierigkeiten, diesen Reflex zu überwinden. Es gelingt ihnen zwar noch, bei Delphinsprüngen, beim Gleiten oder bei Rollen vorwärts den Kopf kurzzeitig auf die Brust zu nehmen. Sobald sie jedoch einen Startsprung ausführen, stellt sich dieser Reflex vielfach wieder ein: Sie nehmen den Kopf in den Nacken und klatschen auf den Bauch oder auf die Oberschenkel.

Nur durch ständiges Wiederholen der reflexabbauenden Übungen dieser Reihe wird der Lehrer sie zu einem guten Startsprung führen können. Die Einhaltung der kleinen Schritte ist hier besonders wichtig, weil durch die Nackenhalte des Kopfes beim Startsprung oft Rückenverletzungen auftreten.

1. Gleiten nach dem Abstoß von der Treppe oder von der Beckenwand. Hinweis: „Nehmt das Kinn auf die Brust!"
2. Sitz auf der Treppe, Eingleiten ins Wasser, dann Ausgleiten an die Oberfläche *(Abb. 37)*.

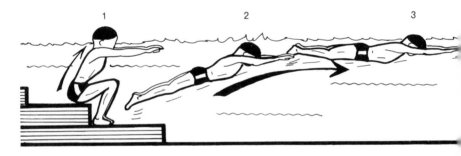

Abb. 37

3. Stand auf der untersten Treppenstufe, Eingleitsprünge mit anschließendem Ausgleiten. Mit zunehmendem Können des Übenden wird eine höhere Stufe gewählt.
4. Die Anwendung einer Vielzahl von Hilfsmitteln ermöglicht es dem Lehrer, den Abbau des Stellarreflexes in Verbindung mit dem Gleiten in Brustlage abwechslungsreicher zu gestalten.
   — Zwei Partner halten einen Stab an der Wasseroberfläche, die Schüler gleiten unter dem Stab durch.
   — Die Schüler gleiten kopfwärts unter einer durch das Lehrbecken gespannten Leine durch.
   — Zwei Partner fassen sich an den ausgestreckten Armen in Höhe des Wasserspiegels. Ein dritter taucht kopfwärts darunter durch.

5. Die Schüler tauchen durch einen senkrecht im Wasser stehenden Reifen *(Abb. 38)*.

Abb. 38

6. Rolle vorwärts im Wasser nach dem Absprung vom Beckenboden. Zwei Partner unterstützen den Übenden durch Handfassung. Mit zunehmendem Können des Übenden läßt diese Partnerhilfe nach, bis die Rolle ohne Hilfe gelingt *(Abb. 39)*. Später werden die Rollen aus dem Gleiten an der Wasseroberfläche gemacht. Einige Schüler sind so geschickt und „rollen" aus dem Gleiten mehrmals hintereinander.

Abb. 39

7. Handstand im Wasser. Beim Üben der Rolle haben die Kinder gelernt, in den Hüften abzuknicken. Das kommt ihnen beim Handstand zugute: Absprung vom Boden, Abknicken in den Hüften, Handstand auf dem Boden. Wichtig ist bei dieser Übung das Ausatmen durch die Nase.
8. Alle Übungen des Gleitens mit dem Kopf unter Wasser.
9. Delphinsprünge. Auch hier bieten sich dem Übenden eine Reihe von Hilfsmitteln an: Leine, Stab, die ausgestreckten Arme eines Partners, Schwimmsprosse. Die wichtigsten Übungsmerkmale bei allen Variationen gleichen sich jedoch: „Kinn auf die Brust!" „Abknicken in den Hüften!" „Streckt die Hände vor, damit ihr euch auf dem Boden abstützen könnt!"

Mit zunehmender Sicherheit gleitet der Schüler unter Wasser frei dahin, nachdem er den Kopf kurz nach dem Eintauchen wieder in den Nacken genommen hat. Später werden auch die Hilfsgeräte nicht mehr benutzt. Die Delphinsprünge erfolgen frei im Lehrbecken.

10. Delphinsprünge am laufenden Band *(Abb. 40)*.

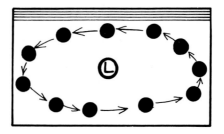

Abb. 40

11. Delphinhaschen: Alle Mitspieler bewegen sich nur mit Delphinsprüngen vorwärts. Ein Spieler beginnt als Fänger. Jeder von ihm abgeschlagene Kamerad wird zum Fänger, damit bis zum Schluß des Spiels alle Kinder in Bewegung sind. Der Schüler, der als letzter noch frei ist, wird zum Fänger für das nächste Spiel.
12. Jetzt sind die Kinder in der Lage, einen Delphinsprung mit einer Rolle zu verbinden. Nach einem Delphinsprung gleiten sie wieder an die Oberfläche und führen dort eine Rolle vorwärts aus *(Abb. 41)*.

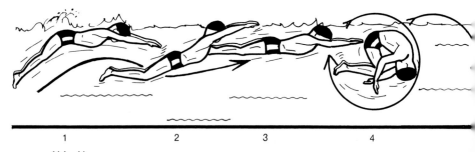

1     2     3     4

Abb. 41

Die Schüler erkennen durch diese Übungen die Abhängigkeit der Bewegungsrichtung im Wasser von der eigenen Kopfführung:
— Nehmen sie den Kopf in den Nacken, gleiten sie an die Oberfläche,
— senken sie ihn auf die Brust, so tauchen sie tiefer ins Wasser.

**e) Orientierung unter Wasser**

1. Delphinsprung mit anschließendem Gleiten unter Wasser zur Treppe. Dort stützeln die Kinder die Stufen aufwärts, bis der Kopf aus dem Wasser kommt.
2. Delphinsprung, die Schüler gleiten unter Wasser zur Wand des Lehrbeckens, tippen mit den Händen an und stellen sich hin.
3. Die Schüler tauchen durch die seitgegrätschten Beine eines Partners.

4. Zwei Partner stellen sich versetzt mit seitgegrätschten Beinen im Wasser auf. Der Übende soll durch die Beine beider Mitschüler tauchen. Dabei kann er sich an den Beinen seiner Partner vorwärtsziehen. Günstiger jedoch ist der eigene Vortrieb durch Kraulbeinschlag.
5. Tunneltauchen: Die Schüler tauchen durch die Beine mehrerer hintereinanderstehender Partner. Die Länge dieser Kette hängt vom Können der Übenden ab. Der Vortrieb wird durch Delphinsprung zu Beginn der Übung und durch den Kraulbeinschlag während der Übung erzeugt.
6. Hangeltauchen: Die Übenden schlängeln sich wie ein Aal durch eine Kette von Mitschülern *(Abb. 42)*.

Abb. 42

7. Delphinsprung, Gleiten unter der Wasseroberfläche, Drehung um die Längenachse in die Rückenlage und wieder zurück in die Brustlage, Stand.

Bei allen Übungen dieser Reihe ist es wichtig, daß der Schüler beim Tauchen die Lunge nur zur Hälfte mit Luft gefüllt hat. Das wird dadurch möglich, daß er

— von vornherein wenig Luft einatmet oder

— beim Eintauchen ins Wasser sofort einen Teil der Atemluft ausbläst.

### f) Herauftauchen von Gegenständen

1. Heraufholen eines kleinen Ringes.
2. Mehrere Ringe, die dicht beisammen liegen, werden von den Kindern heraufgetaucht. Mit zunehmendem Können wählt der Lehrer die Abstände zwischen den Ringen größer.
3. Ein Schüler gleitet von der Treppe kopfwärts ins Wasser. Sein Partner wirft einen Ring dicht vor ihn. Diesen soll der Übende möglichst noch während des Niederfallens ergreifen *(Abb. 43)*.
4. Der Schüler holt schwerere Gegenstände vom Boden hoch (Tauchringe, Tauchsteine usw.).

Abb. 43

5. Eingleiten ins Wasser, dann Kraulbeinschlag. Der Schüler soll einen Tauchring ansteuern und herauftauchen. Die Länge der Tauchstrecke ist dem Können der Schüler angepaßt. Hinweis des Lehrers: „Werft eure Ringe so weit, daß ihr sie gerade noch erreicht!"
6. Herauftauchen von mehreren Ringen, die zunächst in einer Reihe hintereinander, dann unregelmäßig links und rechts versetzt, auf dem Beckenboden liegen. Vortrieb durch Kraulbeinschlag oder Schwunggrätsche *(Abb. 44)*.

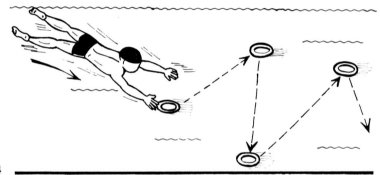

Abb. 44

### g) Überwinden des Auftriebs

1. Hockschwebe, dann ausatmen, bis der Körper auf den Beckenboden gesunken ist.
2. Aus dem Stand: Vorschieben der Beine, Ausatmen, Sitz auf dem Beckenboden *(Abb. 45)*.

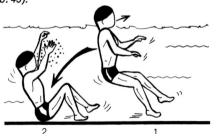

Abb. 45   2         1

52

3. „Toter Mann" in Brustlage: Der Schüler legt sich flach auf das Wasser, atmet kräftig aus und sinkt auf den Grund *(Abb. 46)*.

Abb. 46

4. „Toter Mann" in Rückenlage. Wie 3., aber in Rückenlage. Um beim Absinken ein Eindringen des Wassers in den Nasen-Rachenraum zu verhindern, soll der Schüler hier durch die Nase ausatmen.

# Atemübungen

Neben dem Gleiten ist richtig geregelte Atmung die wichtigste Voraussetzung für erfolgreiches und ausdauerndes Schwimmen. „Wer nicht ins Wasser ausatmen kann, der kann nicht schwimmen" ist ein Satz, der so oder sinngemäß in vielen Lehrbüchern steht, der aber immer noch nicht die Beachtung findet, die ihm seiner Bedeutung nach zukommt.

Die Ziele, die wir mit der Schulung der Atmung verfolgen, sind in sechs Punkten zusammengefaßt:

1. Anpassung der Einatmung an den verstärkten Druck des Wassers auf den Brustkorb.
2. Anpassung der Ausatmung an den verstärkten Druck des Wassers auf den Mund.
3. Gewöhnung an die Ausatmung durch die Nase.
4. Ausatmen ins Wasser in der Bewegung.
5. Gewöhnung an eine Steigerung in der Ausatmung.
6. Gewöhnung an eine regelmäßige Atmung mehrmals hintereinander.

*Zu 1.:* Die Atmung des Menschen ähnelt außerhalb des Wassers einem Hauch. Sie wird beim Sporttreiben oder bei anderen körperlichen Anstrengungen zwar häufiger, aber nicht wesentlich kräftiger.

Der Aufenthalt im Wasser allein erfordert schon eine Umstellung. Sobald der Brustkorb ins Wasser eintaucht, wirkt sich der Wasserdruck aus und ruft besonders bei Kindern Beklemmungen, Angstgefühle oder Atemnot hervor. Gegen diesen Druck muß besonders kräftig eingeatmet werden, eine zunächst ungewohnte Tätigkeit.

Dagegen wird die Ausatmung durch den Wasserdruck vertieft und fordert in verstärktem Maße kräftige Einatmung.

*Zu 2.:* Das Schwimmen fordert in allen Techniken das Ausatmen ins Wasser. Lediglich das Rückenschwimmen bildet hier eine Ausnahme. Der Schwimmer bewegt sich im Wasser am besten in der idealen Gleitlage vorwärts, der „Gleitbootlage" (siehe Kapitel „Gleiten in Brustlage", Seite 79 ff.). Hierbei befindet sich das Gesicht im Wasser und wird nur zum Einatmen angehoben, wenn der Schwimmer in den Techniken Kraul, Brust und Delphin den höchsten Punkt im Wasser erreicht hat. Diese Zeitspanne ist jedoch derart kurz, daß für ein Ausatmen über Wasser keine Zeit mehr bleibt; denn durch verspätetes Einatmen würde der Schwimmer entweder in Atemnot geraten oder Wasser schlucken. Daher die Forderung: Ausatmen ins Wasser!

Da der Wasserdruck dieses Ausatmen erschwert, muß jeder Schwimmschüler lernen, kräftig pustend mit möglichst geschlossenem Mund ins Wasser auszuatmen.

*Zu 3.:* Um das Eindringen des Wassers in die Nase mit seinen unangenehmen, oft schmerzhaften Nebenerscheinungen zu verhindern, ist das Ausatmen ins Wasser durch die Nase eine Grundforderung für einen freudbetonten Aufenthalt im nassen Element. Die Schulung dieser Fertigkeit hat schließlich das Ziel, dem Schüler die Erfahrung zu vermitteln, daß er schon durch einen Gegendruck im Nasen-Rachenraum das Wasser am Eindringen hindern kann.

*Zu 4.:* Da das Ziel der Ausbildung das Erlernen einer Schwimmtechnik ist, ist es wichtig, das Ausatmen auch in der Bewegung zu schulen (beim Gleiten, bei Delphinsprüngen, Schwebesprüngen usw.).

*Zu 5.:* Es ist ein Merkmal, das jeden guten Schwimmer kennzeichnet, das für jeden Wettkampfschwimmer selbstverständlich sein muß: der verstärkte Impuls am Schluß des Ausatmens, der als Gegenbewegung schnelles, intensives Einatmen nach sich zieht.

*Zu 6.:* Die Atmung soll in den zyklischen Ablauf einer Schwimmtechnik eingepaßt werden, ohne daß Atemnot oder Kurzatmigkeit auftreten, wenn der Schwimmer eine längere Strecke zurücklegt.

*Zielübung:* Regelmäßiger Wechsel zwischen Ein- und Ausatmung in der Bewegung 10- bis 15mal hintereinander, ohne daß Atemnot auftritt. Dabei soll das Zeitverhältnis Einatmung zu Ausatmung 1:3 betragen.

*Fehler und Korrekturen bei der Atmung*

| *Fehler* | *Fehlerkorrektur* |
|---|---|
| Die Ausatmung ist zu gering. | *Hinweis auf kräftiges Ausatmen ins Wasser / Intensives Üben der Übungsreihe b) über und unter Wasser / Gutes Vorbild.* |
| Das Ausatmen wird beim Heben des Kopfes noch fortgesetzt. | *Hinweise auf einen früheren Beginn der Ausatmung / Taktile Hilfen / Gutes Vorbild / Hinweis auf Beendigung der Ausatmung beim Heben des Kopfes.* |
| Das Ausatmen setzt zu spät ein. | *Hinweis auf einen früheren Beginn der Ausatmung / Taktile Hilfen / Gutes Vorbild / Hinweis auf Beendigung der Ausatmung beim Heben des Kopfes.* |
| Das Einatmen vollzieht sich zu langsam. | *Hinweis auf das Verhältnis Einatmung zu Ausatmung von 1:3 / Hinweis auf eine Steigerung der Ausatmung.* |
| Keine Steigerung beim Ausatmen. | *Hinweis auf eine Steigerung am Ende der Ausatmung.* |

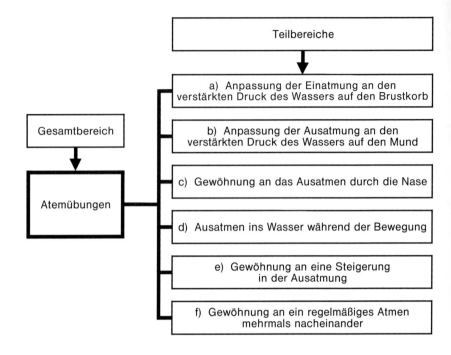

*Methodische Übungsreihen*

Bei allen Übungen soll der Schüler gegen den Wasserdruck bewußt tief einatmen. Auf das Ausatmen braucht nicht besonders hingewiesen zu werden. Es wird von den Kindern richtig gemacht und vom Wasserdruck unterstützt.

**a) Anpassung der Einatmung an den verstärkten Druck des Wassers auf den Brustkorb**

1. Sitz auf der Treppe, die Schultern befinden sich unter Wasser.
2. Liegestütz in Brustlage auf der Treppe, der Kopf ist zum Atmen angehoben *(Abb. 47)*.

Abb. 47

3. Liegestütz in Rückenlage auf der Treppe *(Abb. 48)*.

Abb. 48

4. Stützeln auf der Treppe oder auf dem Beckenboden.
5. Hockgang vor- und rückwärts in hüfttiefem Wasser.
6. Gehen vor- und rückwärts in schultertiefem Wasser.
7. Gehen in einer Kette in brust- bis schultertiefem Wasser.
8. Schwebesprünge in der Gruppe in hüfttiefem Wasser *(Abb. 49)*.

Abb. 49

9. Schwebesprünge vor- und rückwärts einzeln in hüfttiefem Wasser.
10. Hüpfkarussell in hüfttiefem Wasser: Schwebesprünge mit gleichzeitiger Drehung um die Körperlängenachse, links und rechts herum *(Abb. 50)*.

Abb. 50

11. Kreisaufstellung in brust- bis schultertiefem Wasser: Gehen im Kreis links und rechts herum, Gehen zur Mitte und rückwärts wieder nach außen.

12. Hangeln an der Überlaufrinne *(Abb. 51)*.
13. Ziehen und Schieben eines Partners.
14. Gleiten mit Schwimmbrett in Brust- und Rückenlage, der Kopf ist zum Atmen angehoben.

Die Reihe kann von jedem Übungsleiter oder Lehrer nach Belieben fortgesetzt werden. Wichtig ist bei der Auswahl der Übungen, daß der Brustkorb im Wasser ist. Der Schüler verbindet in zunehmendem Maße den größeren Druck auf seinem Brustkorb mit dem Aufenthalt im Wasser. Mit der Kräftigung der Atemmuskulatur geht das Druckempfinden mehr und mehr zurück. Das Ziel dieser Übungsreihe ist damit erreicht.

**b) Anpassung der Ausatmung an den verstärkten Druck des Wassers auf den Mund**

Der Schüler soll beim Ausatmen unter Wasser den Mund möglichst geschlossen halten. Durch kräftiges Pusten kann die Luft ausgeblasen werden, ohne daß Wasser in den Mund eindringt.

1. Vorübung an Land oder im Sitz auf der Treppe des Lehrbeckens: tiefes Einatmen, dann kräftiges Auspusten der Atemluft.
2. Sitz auf der Treppe: Die Kinder pusten Löcher ins Wasser.
3. Wie 2.; sie pusten so kräftig, daß kleine Wasserspritzer hochsteigen.
4. Die Kinder gehen im brusttiefen Wasser und treiben durch Pusten die Hälfte einer Seifendose vor sich her.
5. Wie 4.; Korkstückchen oder Tischtennisbälle werden so kräftig angepustet, daß sie kleine Sprünge machen *(Abb. 52)*.

Abb. 51                                                                 Abb. 52

6. Sitz auf der Treppe oder Stand im brusttiefen Wasser: Die Kinder nehmen den Mund ins Wasser und „blubbern" die Luft möglichst laut heraus.
7. Wie 6.; das Gesicht taucht dabei ins Wasser ein, später der ganze Kopf.
8. Stand an der Beckenwand, die Hände fassen die Überlaufrinne oder den Beckenrand: Ausatmen ins Wasser. Zunächst befindet sich nur der Mund unter Wasser, dann das Gesicht und zuletzt der ganze Kopf *(Abb. 53)*.

Abb. 53

Abb. 54

9. Kreisaufstellung im brusttiefen Wasser. Die Kinder gehen gemeinsam in die tiefe Hocke und atmen ins Wasser aus. Zur Lernzielkontrolle ist auch Tauchen der Kinder nacheinander möglich.

10. Partnerübung: Zwei Schüler stehen sich mit Handfassung gegenüber. Abwechselnd gehen sie in die tiefe Hocke und atmen ins Wasser aus. Wichtig: Die Handfassung darf bei der Übung nicht gelöst werden. Sie soll verhindern, daß sich ein Schüler nach dem Auftauchen die Augen reibt. Ein kurzes Kopfschütteln genügt, die Tropfen fliegen zur Seite, und der Schüler kann die Augen öffnen. Bei Fortgeschrittenen ist nicht einmal das mehr nötig *(Abb. 54).*

11. Freier Stand im Lehrbecken, Sitz oder Liegestütz auf der Treppe: Ausatmen ins Wasser und Heben des Kopfes zum Einatmen mehrmals im Wechsel.

12. Freier Stand im Lehrbecken oder Liegestütz auf der Treppe: Ausatmen ins Wasser und Seitdrehen des Kopfes zum Einatmen mehrmals hintereinander im Wechsel. Das Seitdrehen des Kopfes zum Einatmen soll nach links und nach rechts geübt werden *(Abb. 55).*

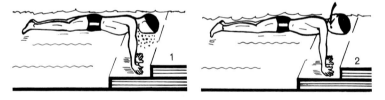
Abb. 55

13. Wie 12.; der Kopf wird zum Einatmen abwechselnd nach rechts und links gedreht.

14. Die Übungen 10. bis 13. werden wiederholt. Dabei soll von den Schülern länger ins Wasser ausgeatmet als über Wasser eingeatmet werden.

### c) Gewöhnung an das Ausatmen durch die Nase

Die Übungsreihe unter Punkt b) (Ausatmen durch den Mund) wird mit dem Ziel wiederholt, die Schüler an das Ausatmen unter Wasser durch die Nase zu gewöhnen. Auch in die Übungsreihe „Ausatmen unter Wasser in der Bewegung" sollte diese Art immer einbezogen und gesondert geübt werden.

### d) Ausatmen ins Wasser während der Bewegung

Sobald der Schüler ohne Schwierigkeiten durch Mund und Nase ins Wasser ausatmen kann, schließt sich der nächste wichtige Schritt an: das Ausatmen unter Wasser in der Bewegung. Es soll langsam und gleichmäßig ausgeführt und in Rückenlage besonders durch die Nase geübt werden. Folgende Übungen, die immer mit Ausatmen ins Wasser verbunden sein sollen, bieten sich für diesen Schritt an:

1. Schwebesprünge in brusttiefem Wasser.
2. Hocksprünge in brusttiefem Wasser: Hochfedern in die Streckung — Einatmen — tiefe Hocke und Ausatmen im Wechsel mehrfach hintereinander *(Abb. 56)*.

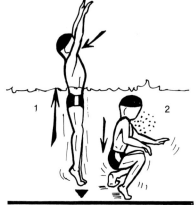

Abb. 56

3. Wie 2.; nach den Strecksprüngen Abtauchen in den Sitz auf dem Beckenboden.
4. Strecksprünge wie bei 2., dann Abtauchen in die Rückenstrecklage auf dem Boden des Lehrbeckens *(Abb. 57)*.

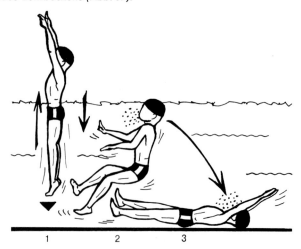

Abb. 57

5. Stützeln auf der Treppe oder auf dem Beckenboden.
6. Gleiten von der Treppe, von der Beckenwand oder aus dem freien Stand im Lehrbecken. Übungsvariationen mit und ohne Partner (Schieben und Ziehen), mit und ohne Schwimmbrett (siehe dazu auch „Gleiten in Brustlage", Seite 79 ff.).
7. Delphinsprünge in brusttiefem Wasser mit anschließendem Ausgleiten an die Oberfläche *(Abb. 58).*

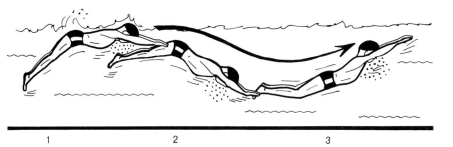

Abb. 58

8. Eingleitübungen von der Treppe, dann Ausgleiten bis an die Oberfläche.
9. Stand an der Beckenwand — Tauchen — Abstoßen unter Wasser — Gleiten bis an die Wasseroberfläche *(Abb. 59).*

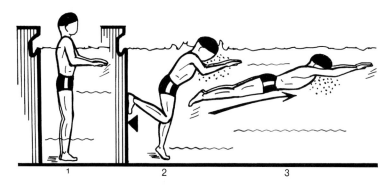

Abb. 59

10. Delphinsprünge durch die gegrätschten Beine eines Partners.
11. Gleiten in Rückenlage nach dem Abstoß unter Wasser.

12. Delphinsprünge rückwärts mit Ausgleiten an die Oberfläche *(Abb. 60)*.

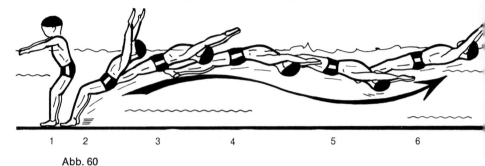

Abb. 60

13. Rolle vorwärts aus dem Stand in den Stand.
14. Gleiten in Brustlage an der Oberfläche — Rolle vorwärts in den Stand *(Abb. 61)*.

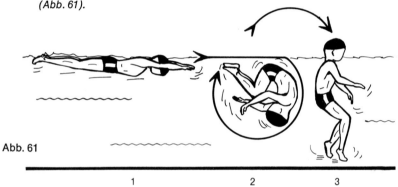

Abb. 61

15. Ansatz zur Rolle vorwärts — Handstand im Wasser — Abstoßen mit den Händen vom Beckenboden — Gleiten in Rückenlage an die Oberfläche *(Abb. 62)*.

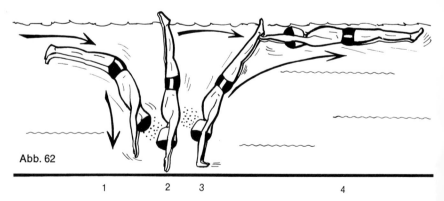

Abb. 62

16. Rolle rückwärts aus dem Stand in den Stand.
17. Rolle rückwärts aus dem Gleiten in den Stand *(Abb. 63)*.

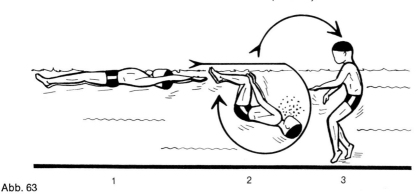

Abb. 63   1    2    3

18. Beliebige Sprünge von der Beckenkante ins brusttiefe Wasser mit anschließendem Tauchen in die tiefe Hockstellung.

Auch diese Reihe kann vielfach ergänzt werden. Partnerübungen, Übungen mit Geräten (Schwimmsprosse, Stab, Ball, Ringe, Reifen usw.) bieten sich ebenso an wie Einzelübungen oder Übungen in der ganzen Gruppe. Als weitere Anregung kann dabei auch das Kapitel „Tauchen" mit seinen mannigfaltigen Übungen herangezogen werden.

### f) Gewöhnung an eine Steigerung in der Ausatmung

Die Übungen für diesen Schritt sind die gleichen, wie sie schon in den Abschnitten b) und d) ausgeführt wurden. Sie sind nur für Schüler geeignet, die die vorangegangenen Schritte der Atmung schon beherrschen.

### g) Gewöhnung an regelmäßiges Atmen mehrmals nacheinander

Auch dieser letzte Schritt wird mit den Übungsformen der Abschnitte b) und d) vollzogen. Als zyklische Bewegungsform verlangt das Schwimmen eine Atemtechnik, die, in den Rhythmus der Schwimmtechnik eingepaßt, sich beliebig oft wiederholen läßt, ohne daß Kurzatmigkeit oder Sauerstoffnot auftreten. Gerade hier liegt das Geheimnis und auch die Schwierigkeit eines ausdauernden Schwimmens in den Techniken Kraul-, Delphin- und Brustschwimmen — letztere allerdings nur in der sportlichen Form mit Spätatmung.

## Ungeformte Sprünge zur Mutschulung

Sprünge ins Lehrbecken im Rahmen der Wassergewöhnung dienen der Mutschulung. Die Forderung nach exakter Körperhaltung und spritzerlosem Eintauchen hat hier keinen Platz; sie fördert die Gefahr von Fußverletzungen. Für jeden Lehrer müssen vielmehr Lust und Freude am Springen die wichtigsten Übungsziele sein. Haltungskorrekturen sollen zugunsten einer hohen Übungsintensität eingeschränkt werden.

In seinem Buch „Wasserspringen" mißt Dr. Heinz Braecklein dem Springen in der Vorbereitungsstufe eine wesentliche Bedeutung bei:

„Die Vorbereitungsstufe umfaßt Vorübungen und Sprünge, die den Anfänger an den Sprung ins Wasser gewöhnen. Es gilt zunächst Bewegungserfahrungen unter einfachen Bedingungen zu sammeln."

Braecklein sieht im wesentlichen drei Ziele, zu denen die Sprungschulung in der Vorbereitungsstufe führen soll:

— Beseitigung von Hemmungen,

— Gewöhnung an das Tauchen und Springen,

— Sammeln von Bewegungserfahrungen und deren spielhafte Anwendung.

Alle Sprünge ins Lehrbecken sollen schließlich dazu führen, daß die Schüler ohne Scheu bei jedem Sprung in die tiefe Hocke gehen und den Körper untertauchen. Auf diese Weise sind die Sprünge gleichzeitig Tauchübungen und erhöhen die Wasservertrautheit.

Nach dem Schwierigkeitsgrad könnte folgende Einteilung in Teilbereiche vorgenommen werden:

— Sprünge im Lehrbecken,

— Sprünge von der Treppe ins Lehrbecken,

— Sprünge aus dem Sitz und aus der Hocke ins Lehrbecken,

— Sprünge aus dem Stand ins Lehrbecken,

— Hochwerfen und Landen.

Die Sprünge aus dem Stand gliedern sich auf in

— Schrittsprünge,

— Schlußsprünge,

— Sprünge mit Drehung,

die sowohl vor- als auch rückwärts ausgeführt werden können. In dieser Auflistung wurden die Sprünge mit Anlauf bewußt fortgelassen.

Der Anfängerunterricht wird heute vorwiegend in Hallenbädern durchgeführt, in denen das Laufen auf den nassen Fliesen äußerst gefährlich und daher untersagt ist. In Freibädern hingegen könnte der Lehrer die Kinder mit Anlauf springen lassen, aber auch hier muß aus Gründen der Sicherheitserziehung davon abgeraten werden, da die Schüler sich allzuleicht an das Laufen in Bade- und Schwimmanlagen gewöhnen.

In die Lehrreihen zu den obengenannten Teilbereichen können vom Lehrer Übungen eingefügt werden, die den Kindern die Bewegungserfahrungen vermitteln, die ihnen später bei der Erarbeitung schwieriger Sprünge vom Brett dienlich sein werden.

Alle Sprünge sollen auch im Rahmen von Bewegungsspielen Anwendung finden und dadurch zur Festigung der erworbenen Fertigkeiten führen.

Die folgende Übersicht verdeutlicht die oben beschriebene Aufgliederung der Sprünge:

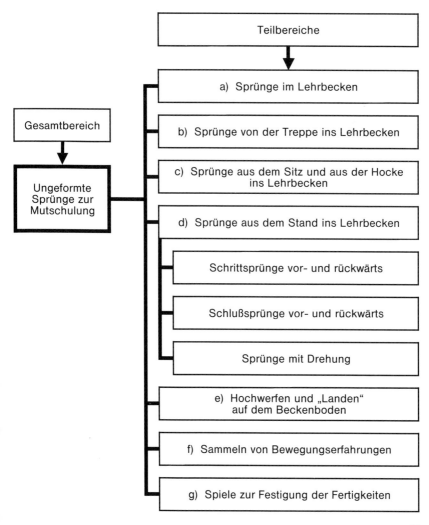

Besonders im Vorschulalter müssen die Kinder behutsam an das Wasserspringen herangeführt werden. Zwang oder allzu große Lernschritte verängstigen sie leicht und bewirken, daß sie nur mit Widerwillen und kraft elterlicher Gewalt bewegt werden, zur nächsten Schwimmstunde zu erscheinen. Baut der Lehrer das Springen jedoch methodisch richtig auf, so werden die Kinder von sich aus in jeder Übungsstunde eine Sprungzeit verlangen. Auch ein beträchtlicher Teil der freien Badezeit zu Beginn oder am Schluß der Stunde wird dann von ihnen zum Springen genutzt werden. Ständig jedoch sollte der Übungsleiter an einen Ausspruch von Dr. H. Braecklein denken, wenn er mit Kindern Sprungschulung betreibt: „Wenn das Frieren beginnt, hört das Lernen auf." Diese Erkenntnis hat Gültigkeit für jegliche Arbeit im Wasser, im besonderen jedoch beim Springen. Schon einleitend wurde erwähnt, daß eine Sprungschulung im Anfängerunterricht nur dann gut zu nennen ist, wenn sie eine hohe Übungsintensität beinhaltet. Das bedeutet für den Schüler, daß er durch das ständige Verlassen des Wassers der Verdunstungskälte wesentlich mehr ausgesetzt ist als bei Übungen und Spielen im Lehrbecken. Durch die hohe Motivation, die das Springen hervorruft, und durch die ständige Bewegung merken die Kinder oft nicht, daß sie stark auskühlen. Daher ist es die vordringliche Aufgabe des Lehrers, auf Zeichen der Unterkühlung zu achten und die Sprungzeiten entsprechend zu dosieren.

*Methodische Übungsreihen*

**a) Sprünge im Lehrbecken**

1. Die Schüler hüpfen auf den Zehenspitzen auf der Stelle, anfangs im knietiefen und später im hüft- und brusttiefen Wasser.

2. Die Schüler bilden einen Kreis und fassen sich an den Händen. Sie hüpfen rechts und links herum, nach innen und wieder nach außen, zunächst auf beiden Beinen, später nur noch auf einem Bein.

3. Zwei Partner stehen sich mit Handfassung gegenüber. Sie hüpfen rechts und links im Kreis herum, dann vor-, rück- und seitwärts.

4. Wie 1., aber die Sprünge werden jetzt gewagter. Die Kinder drücken sich kräftiger ab und landen dennoch sicher wieder auf dem Beckenboden.

5. Die Kinder drehen sich hüpfend um die Längenachse, rechts und links herum, anfangs flach, dann immer höher hüpfend *(Abb. 64)*.

Abb. 64

6. Sie hüpfen vorwärts, anfangs vorsichtig mit kleinen Sprüngen, dann mutiger werdend.

7. Sie hüpfen rückwärts. Die Arme helfen zunächst, das Gleichgewicht zu halten *(Abb. 65)*.

Abb. 65

8. Wie 5., 6. und 7., jeder Schüler versucht aber, noch höher zu springen. Zum Schwungholen nimmt er die Arme zu Hilfe.
9. Strecksprünge mit anschließendem tiefen Niederhocken; dabei taucht der Körper ganz ins Wasser ein *(Abb. 66)*.

Abb. 66

10. Zuerst im knietiefen Wasser, dann langsam tiefer gehend, springen die Schüler hoch und hocken dabei die Beine an. Kurzzeitig befindet sich ihr ganzer Körper über der Wasseroberfläche. Zunächst kann ein Partner durch Handfassung Hilfeleistung geben, dann geht es auch allein.
11. Anfangs im knietiefen Wasser, dann langsam tiefer gehend, springen die Kinder über ein Seil, das von zwei Partnern an der Wasseroberfläche gehalten

wird. Jeder versucht es mit einem Schrittsprung *(Abb. 67)*, dann mit einem Schlußsprung.

Abb. 67

12. Wie 11.; jeder versucht die Sprünge nun mit einer halben Drehung.
13. Die Schüler stehen mit dem Gesicht zur Wand des Lehrbeckens und legen beide Hände auf den Beckenrand. Sie vollführen einen flüchtigen Stützsprung, drücken sich mit beiden Händen nach hinten ab und kommen wieder in den Stand auf dem Beckenboden *(Abb. 68)*.

Abb. 68

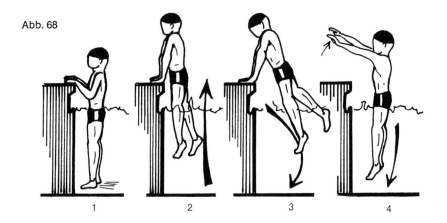

1  2  3  4

**b) Sprünge von der Treppe ins Lehrbecken**

1. Die Schüler hüpfen einzeln die Stufen des Lehrbeckens hinunter, zuerst mit Schritt-, dann mit Schlußsprüngen. Sie laufen die Treppe wieder hoch, und das Spiel beginnt von neuem.

2. Zwei oder drei Kinder fassen sich an den Händen und hüpfen gemeinsam die Stufen hinunter.
3. Die Kinder hüpfen einzeln auf den Treppenstufen entlang. Am Ende springen sie auf die nächsttiefere Stufe und hüpfen wieder zurück usw.
4. Die Schüler springen zunächst mit Schritt-, dann mit Schlußsprüngen die Treppenstufen hinauf *(Abb. 69)*.

Abb. 69

5. Sie hüpfen in Längsrichtung der Treppe und wechseln dabei nach zwei oder drei Sprüngen von der höheren zur tieferen Stufe und umgekehrt.
6. Der Lehrer läßt die Sprünge vielfach variieren:
   − Die Hände dürfen bei der Sicherung des Gleichgewichts noch mithelfen.
   − Eine Hand befindet sich auf dem Rücken.
   − Beide Hände sind auf dem Rücken verschränkt.
   − Beide Arme befinden sich in Hochhalte.
   − Beide Hände sind in den Hüften aufgestützt.
   − Die Hände werden hinter dem Kopf verschränkt (Nackenhalte).
7. Die Kinder hüpfen rückwärts die Treppenstufen hinunter.

8. Sie stellen sich auf die zweitunterste Stufe und springen ins Lehrbecken.
9. Wie 8., Schritt- und Schlußsprünge über eine am Wasserspiegel gehaltene Leine.
10. Wie 9., aber von der drittuntersten Stufe aus *(Abb. 70)*.

Abb. 70

### c) Sprünge aus dem Sitz und aus der Hocke

1. Die Schüler sitzen auf dem Beckenrand und stützen sich mit den Füßen in der Überlaufrinne ab. Der Lehrer erfaßt beide Hände des jeweils Springenden und achtet darauf, daß dessen Kopf beim Eintauchen über Wasser bleibt.
2. Wie 1.; der Lehrer greift — mit zunehmendem Können der Schüler — nicht mehr so fest zu. Er hält zunächst seinen Schützling nur noch an den Fingern, später nur noch an einer Hand, wechselnd an der rechten und an der linken. Auch hier wird der stützende Griff mehr und mehr gelockert.
3. Wie 1.; Helfer und Kind berühren sich nur noch indirekt über einen Tauchring, einen Stab, eine Badekappe, ein Tuch, einen Pull-Buoy oder ähnliches *(Abb. 71)*.

Abb. 71

4. Freier Sprung aus dem Sitz auf dem Beckenrand ins Lehrbecken. Die Füße drücken sich an der Überlaufrinne ab. Der Übungsleiter steht zur Sicherung noch in Reichweite und erfaßt den Arm des Springenden erst beim Eintauchen ins Wasser *(Abb. 72)*.

Abb. 72

5. Die Sprünge aus dem Sitz werden jetzt ohne Hilfe des Lehrers ausgeführt. Letzterer kann jedoch – falls erforderlich – sofort eingreifen.
6. Wenn die Kinder mutiger werden, dürfen sie sich mit den Händen vom Beckenrand abdrücken *(Abb. 73)*.

Abb. 73

7. Die gesamte Übungsreihe wird jetzt aus der tiefen Hocke wiederholt. Mutige Kinder versuchen es auch schon aus der höheren Hocke.
8. Die Kinder des vorschulischen Bereichs sind bei Springübungen noch recht ängstlich und zurückhaltend. Um sie an das Wasserspringen zu gewöhnen, fängt der Lehrer sie nach dem Sprung in seinen Armen auf und taucht mit ihnen ins Wasser ein. Da ängstliche Schüler sich scheuen, weit zu springen, muß der Lehrer die Springenden von der Beckenkante wegziehen, um Unfälle zu vermeiden.

### d) Sprünge aus dem Stand ins Lehrbecken

*Gewöhnung an das Springen*

1. Die Kinder stehen am Beckenrand. Der Lehrer erfaßt beide Hände des jeweils Springenden. Ängstliche Kinder hebt er zunächst noch ins Wasser. Die Sprünge werden im hüft- bis brusttiefen Wasser ausgeführt.
2. Auch hier führt der Weg über das lockere Halten beider Hände zum Greifen nur einer Hand und zum Lockern des Griffes, bis das Kind schließlich nur noch einen Finger des Lehrers festhält, wenn es ins Wasser springt.
3. Beim Springen gibt es nur noch einen indirekten Kontakt zwischen Lehrer und Schüler über einen Tauchring, ein Tuch oder ähnliches.
4. Das Kind hält ein Schwimmbrett in seinen Händen und springt damit ins Wasser. Das in Vorhalte geführte Brett gibt dem Kind Sicherheit beim Auftreffen auf den Beckenboden und bewahrt es vor dem Ausrutschen und Hinfallen.
5. Die Kinder führen einen freien Sprung vom Beckenrand aus ins Lehrbecken. Der Lehrer erfaßt den Arm des jeweils Übenden beim Eintauchen ins Wasser *(Abb. 74)*.

Abb. 74

6. Der Lehrer gibt seine Sicherungsstellung auf, sobald das Kind ohne Schwierigkeiten „landen" kann.

*Schrittsprünge vor- und rückwärts*

1. Die Schüler führen anfangs kleine, dann größer werdende Schrittsprünge vom Beckenrand aus ins Lehrbecken.
2. Die Kinder vollführen Schrittsprünge über den in Beckenrandhöhe ausgestreckten Arm des Lehrers *(Abb. 75)*. Als Hilfsmittel eignen sich auch ein Stab oder eine Leine, die von zwei Helfern gehalten wird.

Abb. 75

3. Der Lehrer hält seinen Arm oder den Stab — dem jeweiligen Leistungsstand des Übenden angepaßt — in größerer Distanz vom Beckenrand.
4. Er hält seinen Arm höher.
5. Wettkampfmäßige Einlagen erhöhen die Motivation der Schüler:
   — „Wer springt am weitesten?"
   — „Wer springt bis zu mir?"
   — „Wer kann mit dem linken Fuß abspringen, wer mit dem rechten?"
   — „Wer kann beim Springen seinen Oberkörper aufrecht halten?"
   — „Wer kann beim Springen seine Arme hochschwingen?"
   — „Wer kann mit geschlossenen Augen springen?"
6. Der Lehrer legt ein Schwimmbrett in Nähe des Beckenrandes auf das Wasser. Es bietet sich als Hindernis oder Zielpunkt für das Springen an:
   — „Wer kann über das Brett springen?"
   — „Wer kann genau auf das Brett springen?"
7. Partnersprünge:
   Zwei oder drei Schüler fassen sich an den Händen und springen gemeinsam ins Wasser. Sie können sich dabei auch nur indirekt über einen Tauchring berühren. Solche Partnersprünge wirken erfahrungsgemäß sehr motivierend auf Kinder, die den freien Sprung bereits beherrschen. Sie reißen die noch etwas ängstlichen Mitschüler mit.
8. Sobald die Schüler sich in den Vorwärtssprüngen sicher fühlen, beginnen sie mit den Rückwärtssprüngen. Merkmale eines sicher ausgeführten Vorwärtssprunges sind:
   — mutiges Abspringen,
   — aufrechte Haltung in der Flugphase,
   — sicheres Landen auf dem Beckenboden.

Bei den Rückwärtssprüngen kann es relativ leicht zu Verletzungen — Zahnverletzungen, Kieferverletzungen, Platzwunden — kommen, wenn die Kinder mit dem Kopf auf die Beckenkante treffen. Daher soll der Lehrer hier auf besondere Leistungsanforderungen wie Hoch- oder Drehsprünge verzichten.

*Schlußsprünge vor- und rückwärts*

Die vorhergehende Übungsreihe wird mit Schlußsprüngen wiederholt. Auch hier müssen im Konzept die Vorwärtssprünge *vor* den Rückwärtssprüngen stehen.

*Sprünge mit Drehung*

1. Die Kinder führen Schrittsprünge mit ½ Drehung aus, wobei die Wahl der Seite zunächst freigestellt ist; später versuchen sie es zur anderen Seite *(Abb. 76).*

Abb. 76      1      2      3

2. Auch aus dem Stand rücklings lassen sich Drehsprünge machen. Die Kinder springen links und rechts herum.
3. Gezielte Bewegungsaufgaben motivieren die Schüler:
    — „Wer kann eine ganze Drehung ausführen, bevor er ins Wasser eintaucht?"
    — „Wer schafft noch mehr als eine ganze Drehung?"
    — „Wer kann beim Drehen die Beine anhocken?"

**e) Hochwerfen und „Landen" auf dem Beckenboden**

Gerade Kindern des Elementarbereichs bringt diese Art der Sprungschulung viel Spaß und Freude. Voraussetzung sind jedoch die Teilnahme an den vorhergehenden Übungsreihen und die Fertigkeit des Schülers, nach dem Eintauchen ins Wasser sicher auf dem Beckenboden zu landen.

1. Der Lehrer wirft das Kind — anfangs sehr behutsam — in die Höhe, fängt es wieder auf und taucht, in die Hocke gehend, mit ihm ins Wasser ein. Zunächst ist bei diesen Übungen das Gesicht des Kindes dem Lehrer zugewandt.

2. Der Lehrer faßt das Kind unter den Achseln oder an den Hüften und wirft es in die Höhe. Es fliegt in einem steilen Bogen ins Wasser zurück und landet sicher auf den Füßen *(Abb. 77)*.

Abb. 77

3. Der Lehrer wirft das Kind zunehmend weiter und höher. Dabei muß er sich stets vergewissern, daß die Wasserfläche in Wurfrichtung frei ist.
4. Der Lehrer gibt dem Kind beim Hochwerfen einen Drehimpuls um die Längenachse.
5. Die Übungen werden wiederholt, wobei aber nunmehr der Rücken des Kindes dem Lehrer zugewandt ist.

**f) Sammeln von Bewegungserfahrungen**

Neben dem Mut zum Springen, dem Entwickeln des Gleichgewichtsempfindens während des Fluges, der Auseinandersetzung mit der Oberflächenspannung des Wassers während des Eintauchens und dem Wasserwiderstand sowie dem sicheren Landen auf dem Beckenboden sollen dem Kind im Rahmen der Wassergewöhnung Bewegungserfahrungen vermittelt werden, die ihm später bei der Bewältigung schwierigerer Sprünge dienlich sind. Eine besondere Bedeutung fällt hierbei den Vorübungen für das Eintauchen kopfwärts zu. Hier gilt es, den Kindern zu helfen, einen bedingten Reflex, den Lagereflex, zu überwinden, der sie zunächst zwingt, beim Vornüberfallen den Kopf in den Nacken zu nehmen. Zwangsläufig fallen die Kinder bei jedem Sprung kopfwärts auf den Bauch. Durch beharrliches Üben der nachfolgenden Reihe wird den Kindern der Weg zum Kopfsprung geebnet. Gleichzeitig werden Bewegungserfahrungen vermittelt, die den Kopfsprung rückwärts, den Salto vor- und rückwärts und die Ausführungen „gestreckt", „gehockt" und „gehechtet" vorbereiten.

1. Die Kinder gleiten nach kräftigem Abdrücken von der Treppe.
2. Das Abdrücken von einer Treppenstufe zum Gleiten in Brustlage wird noch kräftiger ausgeführt.

3. Die Kinder vollführen Gleitsprünge von einer der untersten Treppenstufen. Die Arme werden dabei in Vorhalte gestreckt *(Abb. 78)*.

Abb. 78

4. Gleitsprünge wie oben; der Schüler versucht, möglichst weit unter Wasser zu gleiten.
5. Delphinsprünge im hüfttiefen Wasser mit anschließendem Ausgleiten an die Wasseroberfläche.
6. Delphinsprünge über eine Leine, einen Stab oder die ausgestreckten Arme eines Partners. Nach jedem Sprung berühren die Hände des Übenden den Beckenboden.
7. Rolle vorwärts aus dem Stand in den Stand *(Abb. 79)*. Bei Einführung der Rolle geben zunächst zwei Partner Hilfeleistung durch Handfassung. Später wird dann auf diese Hilfe verzichtet.

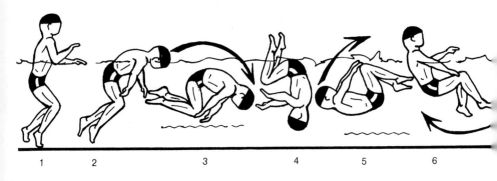

Abb. 79

8. Rolle vorwärts aus dem Gleiten an der Wasseroberfläche. Hier muß der Lehrer darauf achten, daß die Rolle nicht zu tief angesetzt wird, damit die Kinder nicht mit dem Kopf auf den Beckenboden stoßen. Zunächst wird die Übung mit gehockten Beinen ausgeführt.
9. Rolle vorwärts aus dem Gleiten. Der Schüler versucht dabei, seine Beine möglichst gestreckt zu halten und nur in den Hüften abzuknicken.

10. Gleiten – Abknicken in den Hüften – Handstand auf dem Beckenboden *(Abb. 80)*.

Abb. 80

11. Gleiten in Rückenlage.
12. Rolle rückwärts aus dem Stand in den Stand.
13. Rolle rückwärts aus dem Gleiten in Rückenlage.
14. Delphinsprünge rückwärts *(Abb. 81)*.

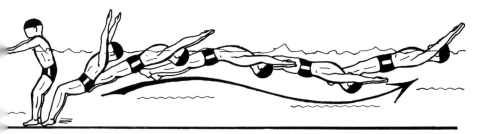

Abb. 81

### g) Spiele zur Festigung der Fertigkeiten

1. Haschen; zur Festigung der ersten Erfahrungen im Bereich „Springen" bieten sich verschiedene Möglichkeiten der Spielgestaltung an:
   – Alle Kinder dürfen sich nur *hüpfend* fortbewegen.
   – Alle Kinder dürfen sich nur *hinkend* fortbewegen.
   – Alle Kinder dürfen sich nur mit *Delphinsprüngen* fortbewegen.

2. Bockspringen im knie- bis hüfttiefen Wasser *(Abb. 82)*.

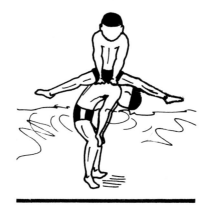

Abb. 82

3. Reiterkämpfe im hüft- bis brusttiefen Wasser. Aus Sicherheitsgründen dürfen die Reiter nicht auf den Schultern ihrer Partner sitzen, sondern müssen auf dem Rücken getragen werden.
4. Staffelformen:
    - Die Kinder bewegen sich nur hüpfend vorwärts.
    - Die Kinder dürfen sich nur rückwärts hüpfend fortbewegen.
    - Die Kinder bewegen sich ausschließlich mit Delphinsprüngen vorwärts.
5. Wer kann die meisten Rollen nacheinander ohne Zwischenpause ausführen?
6. Wer rutscht mit uns die Rutsche hinunter?
    - Kopfwärts,
    - fußwärts,
    - auf dem Bauch,
    - auf dem Rücken.
7. Partnersprünge:

    Zwei oder drei Kinder fassen sich an den Händen und springen gemeinsam ins Wasser.
8. Gruppensprünge:

    Alle Schüler stehen nebeneinander an einer Beckenkante. Auf ein Zeichen springen sie gemeinsam ins Wasser. Auch hier lassen sich zur Festigung der Springerfahrung die verschiedenen Schritt-, Schluß- und Drehsprünge in die Bewegungsaufgaben einfügen.

# Gleiten in Brustlage

Aus mehreren Gründen ist der Erarbeitung des Gleitens oder des „Hechtschießens" — unter diesem Namen ist es häufig in der Literatur zu finden — besondere Aufmerksamkeit und Sorgfalt zu widmen:

1. Das Gleiten ist eine wichtige Voraussetzung für das Erarbeiten jeder Schwimmlage, jedes Starts und jeder Wende.
2. Ein gutes Gleitvermögen ist ein wichtiger Beweis dafür, daß der Übende die Scheu vor dem Wasser überwunden hat.
3. Das Gleiten ist eine Grundlage für ausdauerndes Schwimmen.
4. Ein gutes Gleitvermögen wird von vielen Lehrern, Übungsleitern und Trainern als Kriterium der Talentierung eines Schwimmers angesehen.

Je jünger die Schüler sind, desto mehr Einfallsreichtum wird dem Lehrer abverlangt, wenn es darum geht, den methodischen Weg zum Gleiten vorzubereiten.

Hinlänglich untersucht ist die Lerndauer, die Kinder unterschiedlichen Alters benötigen, um die verschiedenen Schwimmtechniken zu erlernen. Nehmen wir (nach Ungerer) das vierte Schuljahr als ein für die Schulung der einzelnen Techniken optimales Alter an, nehmen wir gleichzeitig an, daß in allen Bundesländern der Trend dahin geht, den Anfängerunterricht (Wassergewöhnung, Wasservertrautheit, Wassergewandtheit) in die Lehrpläne der Vorschule und des 1. Schuljahrs zu integrieren, so wird mit Sicherheit durch diese Vorverlegung eine wesentlich längere Lernzeit in Kauf genommen werden müssen. Jeder, der ständig mit Kindern verschiedenen Alters auf dem Gebiet des Schwimmens arbeitet, wird bestätigen können, daß gerade die Zeit der Vorschule und des 1. Schuljahrs gekennzeichnet ist

— durch noch geringe Konzentrationsfähigkeit,
— durch den ständigen Wunsch nach Abwechslung,
— durch Mangel an Ausdauer,
— durch starke Ablenkbarkeit und durch noch wenig ausgeprägte Lerndisziplin.

Hinzu kommt schnell einsetzendes Gefühl des Frierens, da das Verhältnis Oberfläche zu Masse beim Kind noch recht ungünstig für einen Aufenthalt im Wasser ist, selbst wenn es 28° bis 30° C warm ist.

Die Antwort auf die oben genannten Schwierigkeiten ist unserer Ansicht nach in einem ständigen Wechsel der methodischen Wege zu finden, die im Rahmen unseres Themas jedoch alle das Ziel anstreben, möglichst widerstandsloses Gleiten des Körpers im Wasser zu erlernen.

**Zielübung**

Abstoßen und selbständiges Gleiten über eine Distanz, die mindestens der dreifachen Körperlänge des Übenden entspricht.

Der Körper ist gestreckt. Der Kopf befindet sich im Wasser. Die Hände liegen ungefähr zehn Zentimeter unter der Wasseroberfläche. Die Handinnenflächen zeigen nach unten, die Daumen sind „verhakt" *(Abb. 83).*

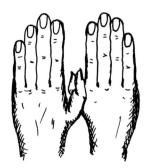

Abb. 83

Der Körper soll nicht angespannt sein, sondern vielmehr in sich vollkommen locker an oder unter der Wasseroberfläche gleiten *(Abb. 84).*

Abb. 84

*Fehler und Korrekturen beim Gleiten in Brustlage*

| Fehler | Fehlerkorrektur |
| --- | --- |
| Der Kopf liegt zu weit im Nacken. | *Gutes Bewegungsvorbild. Demonstration der korrekten Kopfhaltung an Land.* |
| | *Hinweis: Ohren an die Oberarme!* |
| Die Arme sind nicht gestreckt. | *Durchdrücken der Ellenbogen durch einen Partner. Ziehen des Übenden durch einen Partner. Eigenbeobachtung und Eigenkorrektur.* |
| Der Körper ist verspannt. | *Lockerung des Körpers durch Gymnastik. Abbau der Angst vor dem Wasser, wenn die Verspannung auf sie zurückzuführen ist.* |
| Die Beine sind quer- oder seitgegrätscht. | *Schieben durch einen Partner, der die Füße des Übenden gefaßt hat. Der Übende hält einen kleinen Tauch-* |

| Fehler | Fehlerkorrektur |
|---|---|
| | ring oder einen „Pull-Buoy" zwischen den Füßen, bis das Gefühl für die geschlossene Fußhaltung entwickelt ist.<br>*Hinweis auf das Schließen der Beine.* |

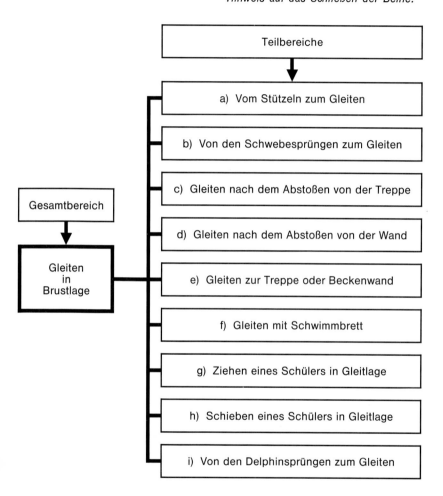

*Methodische Übungsreihen*

### a) Vom Stützeln zum Gleiten

1. Stützeln auf der Treppe oder auf dem Boden des Lehrbeckens. Der Kopf befindet sich über Wasser. Der Übende achtet auf die gestreckte Körperhaltung.

2. Wie vorher; der Kopf taucht ins Wasser ein. Die Luft wird angehalten.

3. Wie vorher; langsames Ausatmen ins Wasser. Zum Einatmen wird nur der Kopf angehoben *(Abb. 85)*.

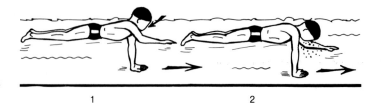

Abb. 85

            1                      2

4. Stützeln auf dem Beckenboden oder auf der Treppe. Die Hände lösen sich kurzzeitig vom Boden.

5. Stützeln wie vorher; bei einer gewissen Gleitgeschwindigkeit ziehen die Arme bis zu den Oberschenkeln durch und bleiben dort liegen. Dann freies Gleiten bis zum Nachlassen der Geschwindigkeit.

6. Wie 5.; beim freien Gleiten erfolgt das langsame Ausatmen ins Wasser *(Abb. 86)*.

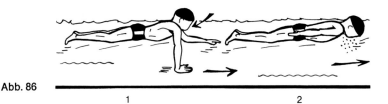

Abb. 86

            1                      2

**b) Von den Schwebesprüngen zum Gleiten**

1. Schwebesprünge in brust- bis schultertiefem Wasser: Der Übende läßt sich mit vorgestreckten Händen langsam vorfallen. Aus dieser Schräglage heraus werden die Beine angehockt. Ein kräftiger Abwärtsdruck der Hände richtet den Körper gleichzeitig auf. Abschließend sucht der Übende wieder festen Stand auf dem Beckenboden *(Abb. 87)*.

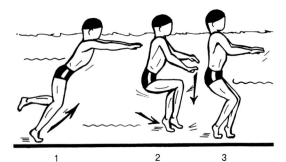

Abb. 87      1            2            3

2. Mehrere Schwebesprünge hintereinander. Mit zunehmender Sicherheit des Übenden wird die Schräglage vergrößert.
3. Die Schwebesprünge werden dadurch vergrößert, daß der Übende sich kräftig vom Boden abdrückt, bevor er die Beine anhockt.
4. Der Übende taucht beim Vorfallen den Kopf ins Wasser ein.
5. Schwebesprünge mit längerer Gleitphase *(Abb. 88)*.

Abb. 88

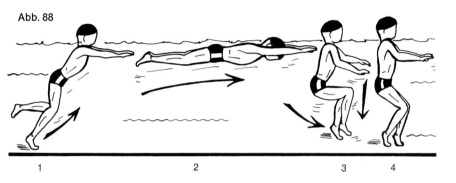

1   2   3   4

6. Wie 5.; während der Gleitphase atmet der Schüler ins Wasser aus.

**c) Gleiten nach dem Abstoßen von der Treppe**

1. Aus dem Sitz auf der Treppe: Abstoßen und Gleiten, der Kopf befindet sich noch über Wasser, Stand. Ein Partner ergreift die vorgestreckten Arme des Übenden und unterstützt ihn beim Aufstehen.
2. Wie 1.; der Schüler taucht seinen Kopf ins Wasser ein.
3. Abstoßen von der untersten Treppenstufe, Eingleiten ins Wasser, Ausgleiten bis an die Wasseroberfläche, Stand. Der Partner unterstützt beim Aufstehen *(Abb. 89)*.

Abb. 89

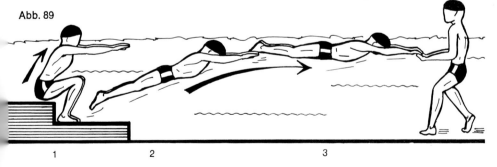

1   2   3

4. Wie vorher, aber die Unterstützung durch den Partner läßt nach. Schließlich richtet sich der Übende selbständig auf.

5. Wie vorher, aber mit zusätzlichem Ausatmen ins Wasser.
6. Vergrößerung der freien Gleitstrecke durch kräftigeres Abstoßen von der Treppe.

**d) Gleiten nach dem Abstoßen von der Wand**

1. Der Übende setzt einen Fuß in Höhe des Körperschwerpunktes an die Wand. Zunächst faßt er noch mit einer Hand die Beckenkante oder die Überlaufrinne, die andere ist vorgestreckt. Aus dieser Stellung taucht er den Kopf ins Wasser ein, löst die Hand von der Beckenwand und führt sie auch in die Streckhalte vor. Dann erfolgt das Abstoßen und das Gleiten an der Oberfläche *(Abb. 90)*.

Abb. 90

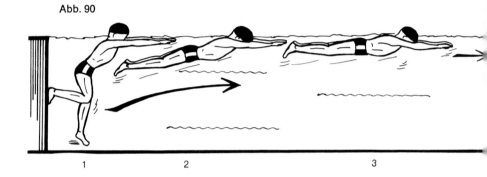

2.–7. Übungsreihe wie unter c) 1.–6.

**e) Gleiten zur Treppe oder Beckenwand**

1. Aus dem Stand im flachen Wasser: Abstoß vom Boden, Gleiten bis zur Treppe oder Beckenwand. Der Kopf befindet sich noch über Wasser.
2. Wie 1.; aber der Schüler taucht den Kopf beim Gleiten ins Wasser ein *(Abb. 91)*.

Abb. 91

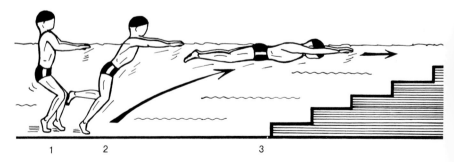

3. Wie vorher, aber während des Gleitens erfolgt die Ausatmung.
4. Mit dem Können des Übenden wird die Entfernung zur Treppe oder Wand vergrößert.
5. Weitere Variationsmöglichkeiten bieten sich hier an: das Gleiten zu einer im Wasser gespannten Leine, zu einem von zwei Partnern gehaltenen Stab oder zu einer Schwimmsprosse mit Auftriebskörpern *(Abb. 92)*.

Abb. 92

### f) Gleiten mit Schwimmbrett

1. Abstoßen von der Treppe, von der Beckenwand oder vom Boden und Gleiten. Die Hände des Übenden halten ein Schwimmbrett.
2. Wie 1.; der Schüler taucht beim Gleiten den Kopf ins Wasser ein *(Abb. 93)*.

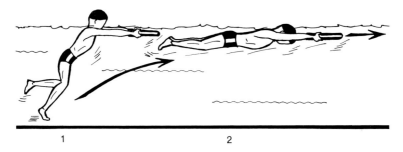

Abb. 93

3. Wie vorher, Ausatmen während des Gleitens.
4. Gleitübungen nach dem Abstoßen vom Boden mit Ausatmen ins Wasser mehrfach hintereinander.
5. Vergrößern der Gleitstrecke mit wachsendem Können des Schülers.
6. Gleiten nach dem Abstoßen ohne Unterstützung durch das Brett.

### g) Ziehen eines Schülers in Gleitlage

1. Der Schüler liegt in Gleitlage im Wasser. Ein Partner geht neben ihm und faßt dessen Arm unterhalb der Schulter und am Handgelenk, wenn er ihn durch das Wasser zieht *(Abb. 94)*.

Abb. 94

2. Gleitlage an der Wasseroberfläche. Ein Partner zieht den Übenden an den Händen durch das Lehrbecken. Der Kopf des Übenden befindet sich im Wasser und wird nur zum Atmen angehoben *(Abb. 95)*.

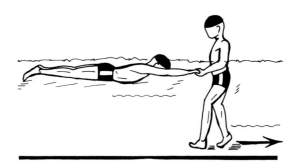

Abb. 95

3. Wie 1. und 2.; aber die Unterstützung durch den Partner läßt nach.

4. Wie vorher; der Übende atmet regelmäßig ins Wasser aus, zum Einatmen wird der Kopf angehoben.

5. Der Partner zieht den Übenden durch das Wasser, läßt aber dann seine Partnerhilfe fort.

*Wichtig für alle Übungen:* Der Partner darf beim Ziehen seine Unterarme nicht aus dem Wasser heben.

6. Andere Übungsformen des Ziehens bieten sich in Verbindung mit Hilfsgeräten an. Der Tauchring ist eine dieser Hilfen: Der Übende hält den Ring in seinen Händen, der Partner faßt in den Ring hinein, um zu ziehen.

7. Auch der Stab eignet sich als Hilfsmittel. Die Schüler sind in Dreiergruppen eingeteilt. Zwei ziehen den Übenden, dann erfolgt Partnerwechsel usw. *(Abb. 96)*.

Abb. 96

### h) Schieben eines Schülers in Gleitlage

1. Der Partner geht zwischen den seitgegrätschten Beinen des Übenden und faßt dessen Oberschenkel. Der Übende liegt mit vorgestreckten Armen flach auf dem Wasser und läßt sich schieben („Schubkarre").

2. Mit zunehmendem Selbstvertrauen des Übenden faßt der Partner zunächst dessen Knie, dann die Unterschenkel, die Füße und schließlich nur noch die Zehen, wenn er ihn durch das Wasser schiebt *(Abb. 97)*.

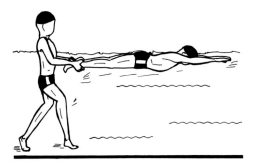

Abb. 97

3. Der Übende taucht sein Gesicht ins Wasser, wenn er durch das Wasser geschoben wird.

4. Wie vorher, aber mit langsamem regelmäßigem Ausatmen ins Wasser.

5. Der Übende bekommt vom Partner einen leichten Stoß. Er gleitet frei durch das Wasser.

6. Mehrere Schüler stehen in einer Reihe im Lehrbecken, die Abstände betragen 2 bis 4 m. Ein Schüler nach dem anderen gleitet an dieser Reihe vorüber und wird durch seine Mitschüler weitergezogen und -geschoben *(Abb. 98)*.

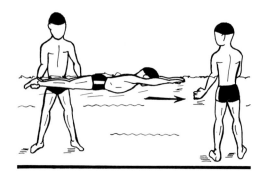

Abb. 98

i) **Von den Delphinsprüngen zum Gleiten**

1. Delphinsprünge im hüfttiefen Wasser: Abspringen vom Beckenboden, die Arme schwingen gestreckt über dem Wasser vor, das Kinn ist auf der Brust, die Hüften knicken ein. Ausgleiten, eventuell Abfangen des Oberkörpers am Boden mit beiden Händen.

2. Wie 1.; aber der Kopf wird kurz nach dem Eintauchen in den Nacken genommen. Der Beckenboden soll nicht mehr mit den Händen berührt werden *(Abb. 99)*.

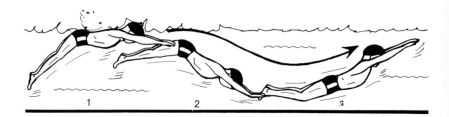

Abb. 99

3. Delphinsprünge mehrmals hintereinander.

4. Delphinsprünge über eine Leine, über die ausgestreckten Arme eines Partners, über eine Stange oder ähnliches.

5. Delphinsprünge durch die gegrätschten Beine eines Partners *(Abb. 100)*.

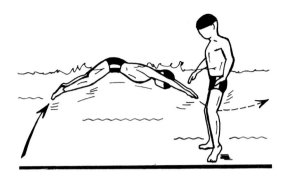

Abb. 100

6. Kombinationen der Übungen 4. und 5.: Der Schüler springt zunächst mit einem Delphinsprung über die Leine, taucht sofort durch die gegrätschten Beine des Partners, anschließend gleitet er bis an die Oberfläche.
7. Delphinsprünge. Durch einen größeren Krafteinsatz beim Absprung und ein möglichst flaches Eingleiten ins Wasser wird die Gleitphase verlängert.
8. Delphinsprünge wie bei 7. Regelmäßiges Ausatmen während des Gleitens an die Oberfläche.

## Gleiten in Rückenlage

In der Wassergewöhnung soll das Gleiten in Rückenlage einen ebenso breiten Raum einnehmen wie das in der Brustlage. Häufig wird die Rückenlage von den Schwimmlehrern im Bestreben, die Schüler möglichst schnell zum Brustschwimmen zu führen, vernachlässigt. Folglich haben selbst fortgeschrittene Schwimmer hier noch Lageschwierigkeiten.

Die Erfahrung beweist, daß die Schulung des Gleitens in der Rückenlage die Kinder sicherer und wassergewandter macht. Sie lösen sich schneller vom Boden und erfahren in dieser Lage auch relativ zeitige Erfolgserlebnisse im Schwimmen.

Die folgende *Zielübung* wird empfohlen:

- Abstoßen in Rückenlage und selbständiges Gleiten über die dreifache Körperlänge.

Dabei sollen die nachstehenden Kriterien erfüllt werden:

1. Der Körper ist gestreckt.
2. Die Arme sind in die Bewegungsrichtung gestreckt.
3. Der Kopf wird so gehalten, daß die Ohren vom Wasser umspült werden.
4. Der Blick ist zunächst hochgerichtet *(Abb. 101)*.

Abb. 101

Beim Üben des Gleitens in Rückenlage schleichen sich häufig gravierende Fehler ein, die die Übungslust der Schüler hemmen, da sie keinen sichtbaren Vortrieb erreichen, Wasser schlucken oder Wasser in die Nase bekommen. Um diese Entwicklung zu verhindern, müssen die Fehler schon zu Beginn der Schulung erkannt und konsequent korrigiert werden. Das bietet sich bereits bei der Erarbeitung der Rückenstrecklage an der Treppe oder der Beckenwand, mit Partner oder Schwimmbrett an.

Im folgenden sind die wesentlichen Fehler beim Gleiten in Rückenlage aufgezeigt:

- Abknicken in den Hüften.

*Folge:* Schlechter Vortrieb beim Gleiten, selbst nach kräftigem Abstoß *(Abb. 102)*.

Abb. 102

*Korrektur:* Hinweis auf das Anheben des Beckens durch Anspannen der Gesäßmuskeln.

- Überstrecken des Nackens.

*Folge:* Der Kopf wird trotz Gleitlage vom Wasser überspült *(Abb. 103)*.

Abb. 103

*Korrektur:* Hinweis auf das Anheben des Kopfes oder eine entsprechende taktile Hilfe beim Ziehen mit Kopfgriff durch einen Partner.

● Der Kopf wird zu sehr angehoben.

*Folge:* Die Beine und Hüften sinken ab; eine mangelhafte Rückengleitlage behindert den Vortrieb *(Abb. 104).*

*Korrektur:* Hinweis auf das Senken des Kopfes oder eine entsprechende taktile Hilfe beim Ziehen mit Kopfgriff durch einen Partner.

● Die Arme sind nicht gestreckt: sie sind in den Ellenbogen nach unten abgeknickt.

*Folge:* Es entsteht eine schiefe Ebene; der Übende gleitet unter die Wasseroberfläche *(Abb. 105).*

Abb. 105

*Korrektur:* Der Übende wird von einem Partner an den gestreckten Armen durch das Wasser gezogen.

● Die Arme sind nicht in die Bewegungsrichtung gestreckt.

*Folge:* Die Gleitgeschwindigkeit wird durch die Erhöhung des Frontalwiderstandes herabgesetzt *(Abb. 106 und 107).*

*Korrektur:* Abhilfe wird geschaffen durch Gleitübungen mit Schwimmbrett oder Partnerübung (Ziehen).

Der gesamte Übungskomplex „Gleiten in Rückenlage" ist wie folgt in Teilbereiche untergliedert:

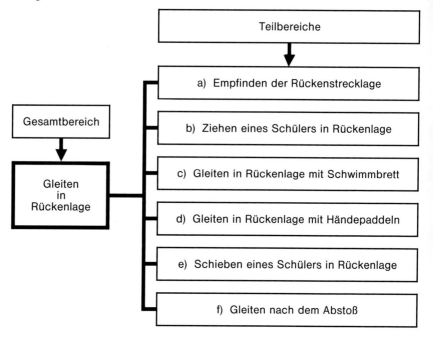

Bevor die nachstehenden Übungsreihen in den sechs Teilbereichen Gegenstand der Schwimmstunde werden, müssen die Schüler lernen, ohne Mühe und Angst aus der Rückenstrecklage in den Stand auf dem Beckenboden zu gelangen.

Hier bieten sich drei Übungsmöglichkeiten an:

1. Aus der Rückenstrecklage mit Händepaddeln in den Stand:
   Der Schüler hockt unter ständigen Paddelbewegungen der Hände die Beine an, nimmt den Kopf an die Brust und richtet seinen Körper auf. Aus diesem „Hubschrauber" streckt er dann seine Beine in den Stand auf dem Beckenboden *(Abb. 108)*.

Abb. 108

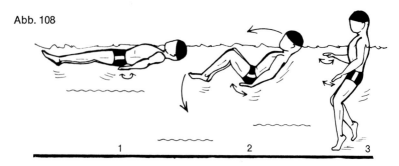

2. Aus der Rückenstrecklage dreht sich der Schüler in die Brustlage. Diese Drehung wird vom Kopf eingeleitet und erfolgt um die Körperlängenachse. Schon während der Drehung nimmt der Übende seinen Kopf in den Nacken, hockt die Beine an und streckt sie in den Stand auf den Beckenboden *(Abb. 109)*.

Abb. 109

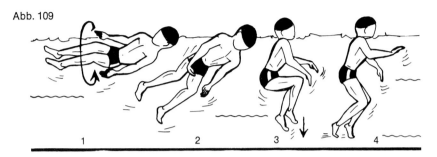

3. Der Schüler nutzt das Drehmoment, das sich aus der Masseverteilung seines Körpers ergibt. Volumenmittelpunkt (VMP) und Körperschwerpunkt (KSP) liegen nicht zusammen *(Abb. 110)*.

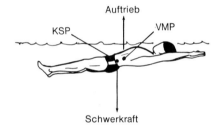

Abb. 110

Die Beine sinken ab, wenn der Schüler ohne Vortrieb auf dem Wasser liegt. Durch Heben des Kopfes beschleunigt er diesen Vorgang. Schließlich berühren seine Füße den Beckenboden.

*Methodische Übungsreihen*

**a) Empfinden der Rückenstrecklage**

1. Stütz auf der Treppe oder dem Beckenboden. Die Schüler befinden sich in Rückenlage. Sie beugen und strecken die Beine im Wechsel.
2. Wie 1.; sie versuchen, ihren Körper in Rückenstrecklage vor- und rückzuschieben *(Abb. 111)*.

Abb. 111

3. Wie 1.; durch Aus- und Einatmen im Wechsel lassen sie den gestreckten Körper absinken und wieder an die Oberfläche treiben.
4. Stütz an der Treppe in Rückenlage wie 1.; die Schüler stützen sich nur noch mit den Fingerspitzen auf der Treppenstufe ab.
5. Wie 4.; nur noch mit einer Hand, links und rechts im Wechsel.
6. Wie 4.; sie lösen kurzzeitig beide Hände vom Boden, nachdem sie tief eingeatmet haben.
7. Die Kinder liegen mit Nacken und Hinterkopf auf der letzten, vom Wasser umspülten Treppenstufe, legen ihre Arme gestreckt an den Körper und versuchen, möglichst lange in Streckhalte an der Wasseroberfläche zu liegen.
8. Wie 7.; auf der Finnischen Überlaufrinne *(Abb. 112)*.

Abb. 112

9. Kreisaufstellung im Lehrbecken. Jeder zweite Schüler nimmt die gestreckte Rückenlage ein. Die Partner zur Linken und Rechten halten ihn an den Händen:
   — Sie wandern mit den übenden Schülern links oder rechts herum.
   — Sie schieben die Schüler abwechselnd fußwärts zur Kreismitte und ziehen sie dann wieder nach außen.
   — Sie korrigieren die Schüler beim Anhocken und Strecken der Beine.
10. Die Schüler halten sich in gestreckter Rückenlage an einer im Wasser gespannten Leine oder einer Schwimmsprosse fest *(Abb. 113)*.

Abb. 113

**b) Ziehen eines Schülers in Rückenlage**

1. Ein Partner zieht den Übenden mit Achselgriff in Rückenlage.
2. Ziehen mit Kopfgriff *(Abb. 114)*. Der Partner greift den Übenden so, daß die drei Mittelfinger an der Wange liegen, der Daumen den Kopf hinter den Ohren stützt und der kleine Finger unter das Kinn greift. Die Ohren des Übenden sollen frei sein.

Abb. 114

*Wichtig:* Die Unterarme des Ziehenden bleiben unter der Wasseroberfläche!

3. Der Partner zieht den Übenden an den in die Bewegungsrichtung gestreckten Armen. Er unterstützt ihn zunächst unter dem Ellenbogen, später unter den Unterarmen.
4. Wie 3.; Unterstützung nur noch an den Händen des Übenden. Für den Partner gibt es zwei Möglichkeiten:
   — Der Partner geht rückwärts, wenn er den Übenden zieht *(Abb. 115).*

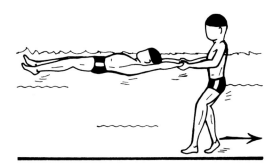

Abb. 115

   — Er geht seit- oder vorwärts neben dem Übenden.
5. Partnerübung zu dritt: Zwei Schüler ziehen den Übenden, der sich in Rückenstrecklage an einem Stab hält.
6. Der Übende greift mit beiden Händen in einen Tauchring, sein Partner zieht ihn in Rückenlage.
7. Der Übende stößt sich von der Treppe oder der Beckenwand ab. Nach kurzem Gleiten faßt sein Partner ihn mit Kopfgriff, zieht ihn über eine kurze Distanz in Rückenlage und unterstützt ihn beim Aufstehen.
8. Wie 7.; die Unterstützung durch den Partner läßt mit zunehmendem Können des Übenden nach, bis dieser sich schließlich selbständig wieder aufrichten kann.

c) **Gleiten in Rückenlage mit Schwimmbrett**

1. Die Schüler gleiten in Rückenlage. Sie halten ein Schwimmbrett quer unter ihrem Kopf und versuchen, zu einer ruhigen Körperlage zu gelangen, indem

sie die Arme als Ausleger benutzen *(Abb. 116)*. Lehrer oder Partner können Hilfe leisten, indem sie das Brett greifen und die Schüler durch das Wasser ziehen.

Abb. 116

2. Wie 1.; die Schüler versuchen, durch Rückenkraulbeinschlag einen eigenen Vortrieb zu erreichen.
3. Gleiten in Rückenlage mit Schwimmbrett. Das Brett wird nur noch mit seiner Schmalseite unter dem Kopf gehalten. Ein Partner hält die Hände des Übenden mit dem Schwimmbrett.
4. Wie 3., aber ohne Partnerhilfe.
5. Die Schüler halten das Brett am Körper, wenn sie in Rückenlage gleiten *(Abb. 117)*.

Abb. 117

6. Gleiten in Rückenlage mit dem Schwimmbrett unter dem Kopf wie vorher. Beim Gleiten versuchen die Schüler, die Arme mit dem Schwimmbrett in die Bewegungsrichtung zu strecken. Dabei tauchen sie den Hinterkopf ins Wasser ein, bis die Ohren vom Wasser umspült werden. In dieser Form üben sie das Gleiten in Rückenlage, bis sie genügend Sicherheit und Gleichgewichtsempfinden entwickelt haben, um selbständig zu gleiten. Lehrer oder Partner können Unterstützung gewähren, indem sie

— den Übenden ziehen,
— das Schwimmbrett in die richtige Stellung drücken oder
— die Armhaltung der Übenden korrigieren.

Jederzeit kann ein Schüler, der unsicher wird oder Wasser schluckt, das Brett wieder unter den Kopf ziehen.

7. Erst nach sicherem Gleiten mit Schwimmbrett sollen die Schüler an das freie Gleiten in Rückenlage herangeführt werden.

**d) Gleiten in Rückenlage mit Händepaddeln**

1. Aus dem „Hubschrauber" strecken die Schüler ihre Beine unter ständigen Paddelbewegungen der Hände in die Rückenlage und hocken sie dann wieder an. Sie üben mehrmals im Wechsel *(Abb. 118)*.

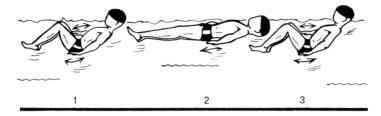

Abb. 118

2. Wie 1.; sie versuchen, sich möglichst lange mit Paddelbewegungen in der Rückenstrecklage zu halten.
3. Wie 2.; durch zusätzlichen Kraulbeinschlag versucht der Schüler, einen Vortrieb zu erreichen.
4. Die Schüler versuchen, nur noch mit Kraulbeinschlag den Vortrieb zu erreichen. Die Hände liegen ruhig am Körper.
5. Rückenstrecklage wie vorher, der Übende bewegt sich mit Paddelbewegungen der Hände kopfwärts.
6. Wie vorher; die Bewegungen der Hände unterbleiben mit zunehmendem Können der Schüler. Der Übende gleitet bewegungslos durch das Wasser. Die Schüler erleichtern sich durch tiefe Einatmung und Luftanhalten das ruhige Gleiten. Später sollen sie jedoch mit gleichmäßigem Wechsel zwischen Ein- und Ausatmen die Rückengleitlage beibehalten können.
7. Rückenstrecklage mit Händepaddeln; der Schüler versucht, einen Vortrieb fußwärts zu erreichen.
8. Gleiten in Rückenlage mit Kraulbeinschlag. Ein Arm ist in die Bewegungsrichtung gestreckt, der andere unterstützt den Vortrieb durch Paddelbewegungen am Körper. Später Seitenwechsel *(Abb. 119)*.

Abb. 119

9. Wie 8.; beide Arme sind beim Gleiten in Rückenlage hinter dem Kopf verschränkt.
10. Wie 8.; beide Arme sind in die Bewegungsrichtung gestreckt.

**e) Schieben eines Schülers in Rückenlage**

1. Schubkarre rückwärts in brusttiefem Wasser. Ein Partner geht zwischen den seitgegrätschten Beinen des Übenden und unterstützt dessen Knie *(Abb. 120, S. 98)*.

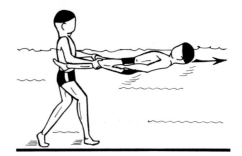

Abb. 120

2. Wie 1.; ein Arm befindet sich in Streckhalte, später der andere.
3. Wie 1.; beide Arme befinden sich in Streckhalte vor dem Kopf.
4. Mit zunehmendem Können des Übenden faßt der Partner zunächst dessen Unterschenkel, dann die Füße, schließlich nur noch die Zehen, wenn er ihn durch das Wasser schiebt *(Abb. 121)*.

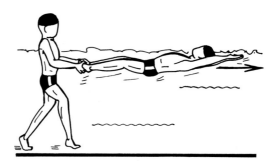

Abb. 121

Auch bei dieser Übung befinden sich die Arme des Übenden zunächst gestreckt am Körper, später wird ein Arm in die Bewegungsrichtung gestreckt, dann der andere, schließlich beide Arme.

5. Der Partner schiebt den Übenden in Rückenstrecklage an der Wasseroberfläche. Durch einen Impuls beschleunigt er dessen Gleitgeschwindigkeit. Der Übende gleitet jetzt frei im Lehrbecken *(Abb. 122)*.

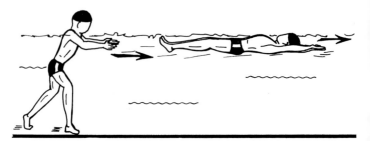

Abb. 122

6. Mehrere Schüler stehen in einer Reihe nebeneinander im Lehrbecken. Die Abstände zwischen ihnen betragen 2 bis 4 m je nach Größe und Wassersicherheit der Kinder. Ein Schüler schiebt seinen Partner in Rückenstrecklage an der Wasseroberfläche und gibt ihm einen Impuls, der ihn frei an der Reihe seiner Mitschüler entlanggleiten läßt. Jeder von diesen gibt ihm einen weiteren Schubimpuls.

### f) Gleiten nach dem Abstoß

1. Wenn die Schüler die notwendige Sicherheit erworben haben, kann der Lehrer mit ihnen das freie Gleiten nach dem Abstoß üben: Abstoß in Rückenlage vom Beckenboden – Gleiten in Rückenlage, die Arme befinden sich gestreckt am Körper.
2. Wie 1.; ein Arm ist in die Bewegungsrichtung gestreckt (Hinweis auf den Wechsel der Arme).
3. Wie 1.; beide Arme sind in die Bewegungsrichtung gestreckt *(Abb. 123)*.

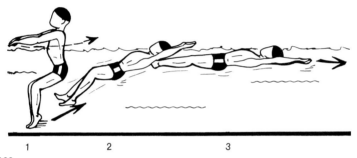

Abb. 123

4. Die gleiche Übungsreihe wird aus dem Hockhang an der Beckenwand ausgeführt: Die Arme des Übenden fassen schulterbreit die Überlaufrinne, die Beine werden dicht unter der Wasseroberfläche an die Wand gesetzt. Dann erfolgt der Abstoß in Rückenlage und das Gleiten an der Oberfläche. Auch hier ergibt sich folgende Steigerung:

– Gleiten, die Arme befinden sich gestreckt am Körper.

– Ein Arm ist in die Bewegungsrichtung gestreckt.

– Der andere Arm ist in die Bewegungsrichtung gestreckt.

– Beide Arme sind in die Bewegungsrichtung gestreckt *(Abb. 124)*.

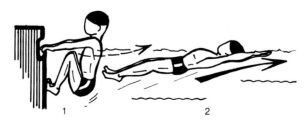

Abb. 124

5. Wie 4.; Übungsreihe aus dem Abstoß von einer Treppenstufe.
6. Delphinsprünge rückwärts: Abstoß vom Beckenboden und anschließendes Gleiten in Rückenlage. Die Arme werden in die Bewegungsrichtung gestreckt. Durch Nackenhalte des Kopfes und Überstreckung in den Schultern gleitet der Übende unter die Wasseroberfläche. Zügig nimmt er den Kopf wieder an die Brust und steuert an die Oberfläche zurück *(Abb. 125)*.

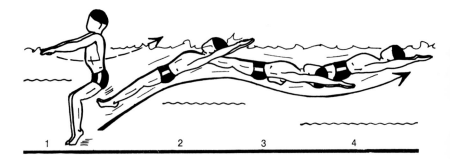

Abb. 125

7. Wie 6.; beim Gleiten unter Wasser zieht er beide Arme bis an die Oberschenkel durch und verschafft sich dadurch einen neuen Antrieb.
8. Wie in den vorher aufgeführten Übungen; die Gleitphase wird durch einsetzenden Rückenkraulbeinschlag verlängert.
9. Wie vorher; die Gleitphase wird durch einsetzendes Händepaddeln verlängert.

# Vorübungen für die Schwimmtechniken in der Wassergewöhnung

**3**

# Kraulschwimmen

### Kraulbeinschlag

*Methodische Übungsreihe*

1. Die Schüler sitzen auf der Beckenkante, lassen ihre Beine ins Wasser hängen und vollführen den Kraulbeinschlag.
2. Sie stützen sich auf einer Treppenstufe ab, bringen ihren Körper in Brustgleitlage und üben den Kraulbeinschlag.
3. Sie stehen am Beckenrand oder auf einer Treppenstufe und führen mit einem Bein — locker aus der Hüfte — die Kraulbeinbewegung aus. Später wechseln sie das Standbein *(Abb. 126)*.

Abb. 126

4. Sie stützeln auf der Treppe oder auf dem Beckenboden und üben den Kraulbeinschlag.
5. Zwei Partner ziehen einen dritten an einem Stab durch brusttiefes Wasser. Der Übende vollzieht Kraulbeinschlagbewegungen unter ständiger Korrektur seiner Mitschüler.
6. Ein Partner zieht den Übenden an den Händen durch das Wasser und korrigiert dessen Kraulbeinschlag.
7. Partnerübung: Ein Schüler geht durch schultertiefes Wasser. Sein Partner hält sich mit gestreckten Armen an den Schultern des Ziehenden fest und übt den Kraulbeinschlag *(Abb. 127)*.

Abb. 127

8. Kreisaufstellung mit Handfassung: Jeder zweite Schüler befindet sich in Brustlage und übt den Kraulbeinschlag.
9. Die Schüler üben die Kraulbeinbewegung an der Schwimmsprosse.
10. Sie nehmen an der Beckenkante Gleitlage ein, ergreifen mit einer Hand die Überlaufrinne oder die Beckenkante, stützen sich mit der anderen Hand — etwa 30 cm unter der Wasseroberfläche — an der Wand ab und vollführen den Kraulbeinschlag *(Abb. 128)*.

Abb. 128

11. Gleiten mit Brett: Üben des Kraulbeinschlags.
12. Die Schüler nehmen an der Treppe oder Beckenwand Brustgleitlage ein und führen den Kraulbeinschlag aus. Sie drücken sich fußwärts von der Stufe oder Beckenwand ab und versuchen, durch verstärkten Beinschlag wieder in die Ausgangslage zurückzugelangen *(Abb. 129)*.

Abb. 129

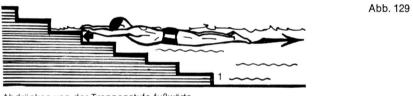

Abdrücken von der Treppenstufe fußwärts

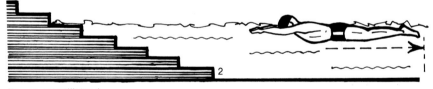

Bewegungsstillstand

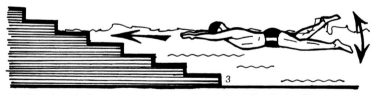

Kräftiges Vorarbeiten zum Ausgangspunkt zurück mit Kraulbeinschlag

13. Die Schüler gleiten mit Kraulbeinschlag zur Treppe, zur Beckenwand, zu einer Schwimmsprosse oder einem Partner.

14. Sie vollführen Delphinsprünge und gleiten mit Wechselbeinschlag an die Wasseroberfläche aus.
15. Sie stoßen sich von der Treppe, vom Beckenboden oder von der Beckenwand ab und gleiten mit Kraulbeinschlag.
16. Sie gleiten nach dem Abstoßen mit Kraulbeinschlag unter der Wasseroberfläche.
17. Sie vollführen Gleitsprünge von einer Treppenstufe aus. Der Kraulbeinschlag bringt sie wieder an die Oberfläche.
18. „Tunneltauchen" mit Kraulbeinbewegung.
19. Staffeln im Lehrbecken. Die Schüler bewegen sich nur mit Kraulbeinschlag vorwärts

    — nach Delphinsprüngen,

    — nach Abstoß vom Beckenboden und anschließendem Gleiten oder

    — mit Schwimmbrett.

    Als Wechsel gilt der Anschlag an die Wand oder die Übergabe des Brettes.
20. Zwei Schüler halten sich mit gestreckten Armen an den Schultern. Jeder versucht, seinen Partner durch kräftigen Kraulbeinschlag rückzuschieben *(Abb. 130)*.

Abb. 130

21. Kleine Wettkämpfe mit Kraulbeinschlag:

    — „Wer ist zuerst auf der Gegenseite?"

    — „Wer kommt am weitesten?"

    Hierzu eignen sich die Übungen unter Ziffer 11, 14, 15, 16 und 17.
22. Spiele im Wasser, bei denen die Fortbewegungsart — Gleiten oder Delphinsprünge mit Kraulbeinschlag — vorgeschrieben wird:

    — Schwarz und Weiß,

    — „Wer fürchtet sich vorm bösen Wolf?",

    — Haschen.

**Kraularmzug**

*Methodische Übungsreihe*

1. Die Schüler stehen im Lehrbecken. Sie halten den Oberkörper leicht vorgebeugt und üben den Kraularmzug; zuerst mit dem rechten Arm, dann mit dem linken und schließlich wechselseitig Zug um Zug.
2. Sie bewegen sich gehend durch das Lehrbecken und üben dabei den Armzug.
3. Wie 2.; in den Rhythmus der Armbewegung wird nun die Seitatmung eingepaßt.

4. Wie 2.; die Schüler versuchen, die Druckphase der Arme bewußt zu betonen, indem sie mit den Handflächen das Wasser schwungvoll nach hinten „wegschaufeln" *(Abb. 131)*.

Abb. 131

5. Durch zusätzliche Aufgabenstellung erreicht der Lehrer, daß schon in dieser Phase die Armbewegung dem idealen Bewegungsmuster der Armzugtechnik nahekommt:
   — „Versucht, die Hände in der Erholungsphase recht nahe am Gesicht vorbei vorzuschwingen!"
   — „Zum Eintauchen greift mit der Hand möglichst weit vor!"
   — „Berührt beim Vorschwingen der Arme mit dem Daumen eure Wange!"
   — „Laßt beim Vorschwingen der Arme die Hand und den Unterarm locker herabhängen!"
   — „Schleudert die Hand nicht vor, sondern *führt* sie in die Streckung!"
6. Die Schüler gleiten im flachen Wasser. Ihre Arme liegen am Körper. Wechselseitig werden die Arme und Hände gebeugt und gestreckt. Diese Übung wird zunächst mit, später ohne Beinschlag ausgeführt. Sie soll den Kindern die Streckung der Arme am Abschluß der Druckbewegung bewußt machen *(Abb. 132)*.

Abb. 132

7. Die Schüler üben das „Hundeln" oder „Hundepaddeln". Sie gleiten mit vorgestreckten Armen im flachen Wasser und versuchen, sich durch kraftvolles wechselseitiges Beugen und Strecken der Hände und Unterarme vorwärtszuziehen.

8. Sie versuchen, sich nur mit wechselseitigen Handbewegungen im Wasser vorwärtszuziehen. Zunächst ist der begleitende Kraulbeinschlag noch erlaubt; später unterbleibt dann die Beinbewegung.
9. Die Schüler spielen „Eisbär". Der Eisbär bewegt sich im Wasser nur mit den Vorderbeinen vorwärts, seine Hinterbeine bleiben in Ruhestellung. Folglich lassen die Schüler die Beine hängen und schwimmen in Gleitbootlage mit raumgreifenden Wechselarmzugbewegungen in der Weise vorwärts, daß sie die Arme unter Wasser aus der Streckung *vor* dem Körper in die Streckung *am* Körper durchziehen, um sie dann unter Wasser wieder zügig vorzuführen.
10. Partnerübung: Ein Schüler zieht einen zweiten an den Händen durch hüft- bis brusthohes Wasser und läßt ihn abwechselnd den linken und den rechten Arm durchziehen und über Wasser wieder vorschwingen.
11. „Schubkarre" vorwärts: Ein Schüler führt die Kraularmbewegung aus, während sein Partner ihn an den Unterschenkeln durch das Wasser vorwärtsschiebt und die Bewegung korrigiert.
12. Wie 11.; der Partner ergreift nur noch die Füße des Übenden *(Abb. 133)*.

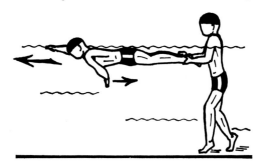

Abb. 133

13. Die Schüler stoßen sich von der Treppe oder der Beckenwand ab und gleiten mit Wechselarmzug ohne Atmung.
14. Die Schüler üben das „Garnwickeln": Sie bewegen die angewinkelten Arme so umeinander herum, daß sie die Bewegung *mit* dem Vortrieb kräftig ausführen, *gegen* den Vortrieb jedoch zügig gestalten.
15. Die Schüler gleiten mit Schwimmbrett und üben den Kraulbeinschlag. Dabei legen sie einen Arm auf das Brett und führen mit dem anderen die vollständige Kraularmbewegung aus *(Abb. 134)*.

Abb. 134

16. Wie 15.; die Atmung wird in den Rhythmus der Arme eingepaßt.
17. Nach dem Abstoß von der Treppe oder Beckenwand gleiten die Schüler mit Kraularmzug. Ein Pull-Buoy verhindert, daß die Beine absinken.

18. Wie 17.; mit zunehmendem Können verzichten die Schüler auf die Schwimmhilfe.
19. Wie 18.; die Atmung wird in den Rhythmus der Armbewegung eingepaßt.

**Atmung**

Die Schüler üben stets sowohl mit dem linken als auch mit dem rechten Arm sowie zur linken als auch zur rechten Seite. Wo es angebracht erscheint, können die Schüler auch wechselseitig – nach links und nach rechts – einatmen. Alle Kriterien des Kapitels „Atemübungen" (Seite 54 ff.) sind bei der Schulung der Kraulatmung zu beachten.

*Methodische Übungsreihe*

1. Die Schüler setzen sich so auf eine Treppenstufe, daß das Wasser ihnen bis an die Schultern reicht. Sie üben die Seitatmung.
2. Die Schüler stützen sich auf einer Treppenstufe ab, nehmen Brustgleitlage ein und führen die Kraulatmung nach links und nach rechts aus, später wechselseitig.
3. Wie 2.; der Übende begleitet das Atmen mit dem Anheben der Schulter und dem kurzzeitigen Lösen der Hand auf der Atemseite *(Abb. 135)*.

Abb. 135

4. Die Schüler stehen am Beckenrand. Mit einer Hand ergreifen sie den Beckenrand oder die Überlaufrinne, der passive Arm hängt im Wasser herab. Zum Einatmen drehen die Schüler den Kopf vom Stützarm weg.
5. Die Schüler stehen im Lehrbecken im brusttiefen Wasser. Sie beugen den Oberkörper leicht vor und üben die Seitatmung.
6. Die Schüler gehen mit leicht gebeugtem Oberkörper durch das brusttiefe Wasser und führen die Seitatmung aus.
7. Wie 6.; die Atmung wird in die Armbewegung eingepaßt *(Abb. 136)*.

Abb. 136

8. Ein Schüler zieht seinen Partner durch das Lehrbecken; dieser übt die Seitatmung.

9. Wie 8.; der Partner wird nur noch an einem Arm durch das Wasser gezogen. Das Einatmen erfolgt auf der freien Seite.
10. Wie 9.; der Übende koordiniert die Atmung mit dem Kraulbeinschlag.
11. Wie 9.; zusätzlich wird die Atmung in die Zug-Druck-Schwung-Bewegung der Arme eingepaßt. Das Wechseln der Atemseite ist besonders zu üben.
12. Ein Schüler schiebt seinen Partner in hüft- bis brusttiefem Wasser. Der Übende vollzieht die Kraulatmung.
13. Wie 12.; die Atmung wird zunächst mit einem, dann mit beiden Armen koordiniert.
14. Die Schüler üben den Kraulbeinschlag mit Hilfe des Schwimmbretts. Sie legen dabei die Hand des ausgestreckten Armes auf die Mitte des Brettes, während sie den anderen Arm gestreckt am Körper halten. Das Einatmen erfolgt von der freien Seite aus *(Abb. 137)*.

Abb. 137

15. Die Schüler führen den Kraularmzug aus dem Gleiten mit Atmung aus.

# Brustschwimmen

## Armbewegung

*Methodische Übungsreihe*

Alle Übungen werden vom Schüler zunächst ohne, dann mit koordinierter Ausatmung ins Wasser ausgeführt. Bei der Atmung für das Brustschwimmen sind alle Kriterien des Kapitels der Wassergewöhnung „Atemübungen" zu beachten.

1. Die Schüler liegen in Brustlage auf dem Hallenboden, das Gesicht dem Lehrbecken zugewandt; ihr Oberkörper ragt etwas über die Beckenkante hinaus, ihre Arme sind ins Wasser getaucht und üben die Brustarmbewegung *(Abb. 138)*. Sie beginnen dabei mit kreisenden Bewegungen der Hände und setzen später auch die Unterarme ein. Diese Übung ist jedoch nur in einem Lehrbecken mit „Finnischer Überlaufrinne" möglich.

Abb. 138

2. Die Kinder üben den Brustarmzug aus dem Stand im brusttiefen Wasser. Ihr Oberkörper ist dabei leicht vorgebeugt.
3. Wie 2., aber aus dem Gehen in brusttiefem Wasser.
4. Schwebesprünge in brusttiefem Wasser mit Brustarmbewegung.
5. Der Übende läßt sich aus dem Stand in brusttiefem Wasser leicht vorfallen, führt die Brustarmbewegung aus und hockt gleichzeitig die Beine in den Stand an *(Abb. 139)*. Mit zunehmender Sicherheit steigert er sich zu zwei, drei oder vier Armbewegungen, bevor er die Beine anhockt und zum Stehen kommt.

Abb. 139

1   2   3   4   5

6. Die Schüler stoßen sich vom Beckenboden ab und gleiten zur Treppe. Sie üben dabei die Brustarmbewegung. Mit zunehmendem Können wählen sie einen weiter entfernt liegenden Abstoßpunkt.

7. Wie 6.; die Schüler üben, indem sie zur Beckenwand, zu einem Partner, zu einer Leine oder einer Schwimmsprosse gleiten *(Abb. 140)*.

Abb. 140

8. Wie 6.; Üben des Brustarmzuges aus dem freien Gleiten nach dem Abstoß vom Beckenboden.
9. Schubkarre vorwärts mit Brustarmbewegung. Mit zunehmendem Können des Übenden faßt der Partner zunächst dessen Knie, später die Unterschenkel und zuletzt nur noch die Füße, wenn er ihn durch das Wasser schiebt.
10. Delphinsprünge; dann Aufgleiten an die Oberfläche. Die Schüler üben die Brustarmbewegung beim Gleiten.
11. Gleiten nach dem Abstoß; die Schüler versuchen, sich nur mit kreisenden Bewegungen der Hände durch das Wasser vorwärts zu ziehen *(Abb. 141)*. Sinn dieser Übung ist es, den Kindern bewußt zu machen, Hand, Unterarm und Oberarm nacheinander und unabhängig voneinander zu bewegen. Sie sollen sich von den entwicklungsgemäßen ganzheitlichen „Großraumbewegungen" lösen.

Abb. 141

12. Wie 11.; die Schüler setzen zusätzlich die Unterarme ein.
13. Gleiten mit Pull-Buoy zwischen den Oberschenkeln. Üben des Brustarmzuges *(Abb. 142)*.

Abb. 142

**Beinbewegung** (Schwunggrätsche)

Die Brustbeinbewegung ist eine der schwierigsten Teilbewegungen einer Schwimmart überhaupt. Unser Vorschlag geht deshalb dahin, sie erst dann mit den Kindern zu üben, wenn sie schon eine größere Anzahl anderer Bewegungsformen im Wasser kennengelernt haben und beherrschen. Diese motorischen Erfahrungen werden ihnen helfen, auch die Schwunggrätsche relativ schnell und unkompliziert zu erlernen.

*Methodische Übungsreihe*

1. Stütz in Brustlage auf einer Treppenstufe: Der Lehrer führt die Beinbewegung seines Schülers.
2. Stütz in Rückenlage auf einer Treppenstufe (die Schultern des Übenden sollen dabei unter Wasser sein): Üben der Schwunggrätsche mit ständiger Korrektur durch den Übungsleiter, aber auch schon Eigenkorrektur.
3. Ein Partner zieht den Übenden in Rückenlage. Er wendet dabei den Kopf- oder Achselgriff an. Der Übende festigt die Beinbewegung, sein Partner korrigiert *(Abb. 143)*.

Abb. 143

4. Ein Partner geht rück- oder seitwärts durch brusttiefes Wasser. Er zieht den Übenden an den vorgestreckten Händen. Dabei korrigiert er ständig die Schwunggrätsche seines Kameraden.
5. Gleiten in Brustlage mit Schwimmbrett; ein Partner geht hinter dem Übenden und führt dessen Beinbewegung *(Abb. 144)*. Der Partner soll dabei auf verschiedene Kriterien der Schwunggrätsche achten, die der Übende häufig deshalb falsch ausführt, weil er sie nicht überblicken kann:

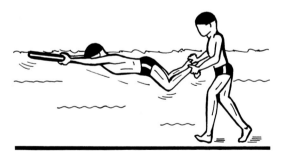

Abb. 144

— Anziehen der Füße an das Gesäß.
— Beugen der Fußgelenke beim Anziehen der Beine.
— Auswärtsdrehen der Füße kurz vor dem Einsetzen der Schwunggrätsche.

- Gleichzeitige Bewegung der Beine und Füße.
- Bewegung der Beine und Füße auf der gleichen Ebene.
- Kräftiger Druck der Unterschenkel und Füße nach hinten.

6. Ein Helfer geht durch schultertiefes Wasser. Der Übende hält sich mit gestreckten Armen an den Schultern des Ziehenden fest und übt die Schwunggrätsche.
7. Gleiten in Brustlage mit einem Schwimmbrett in Vorhalte. Ein Helfer geht neben dem Übenden und korrigiert dessen Beinbewegung.
8. Gleiten in Rückenlage; der Übende hält ein Schwimmbrett unter dem Kopf, um sich voll auf den Brustbeinschlag konzentrieren zu können. Er übt die Schwunggrätsche unter ständiger Eigenkorrektur *(Abb. 145)*. Er achtet darauf, daß sich seine Knie ständig unter der Wasseroberfläche befinden.

Abb. 145

9. Wie 8.; der Übende schiebt das Schwimmbrett in die Streckhalte.
10. Gleiten in Brustlage mit Schwimmbrett; der Übende versucht, die richtige Beinbewegung zu empfinden.
11. Üben des Beinschlages aus dem Gleiten zur Treppe, zur Beckenwand, zu einem Partner, zu einer Schwimmsprosse oder einer durch das Lehrbecken gespannten Leine.
12. Delphinsprünge; beim Nachlassen der Gleitgeschwindigkeit versucht der Schüler, durch Brustbeinschläge weiteren Vortrieb zu erreichen.
13. Tauchen nach kleinen Ringen, die auf dem Boden des Lehrbeckens in einer Reihe liegen. Der Schüler erreicht den Vortrieb durch die Schwunggrätsche.

# Rückenkraulen

### Beinschlag

*Methodische Übungsreihe*

Der Wechselbeinschlag wird zusätzlich durch den Kraulbeinschlag geübt, die entsprechenden Muskeln auch durch ihn gekräftigt.
1. Die Schüler sitzen auf der Beckenkante, lassen ihre Beine ins Wasser hängen und üben den Kraulbeinschlag *(Abb. 146)*.

Abb. 146

2. Sie stützen sich in Rückenlage auf einer Treppenstufe ab und führen die Bewegungen des Wechselbeinschlages aus.
3. Partnerübung: Ein Schüler zieht seinen Kameraden mit Kopfgriff durch das Lehrbecken. Dieser übt den Kraulbeinschlag *(Abb. 147)*.

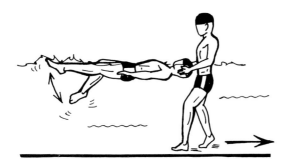

Abb. 147

4. Wie 3.; Ziehen mit Achselgriff.
5. Kreisaufstellung mit Handfassung: Jeder zweite Schüler befindet sich in Rückenlage und übt den Wechselbeinschlag.
6. Gleiten in Rückenlage, ein Schwimmbrett stützt den Kopf des Übenden: Kraulbeinbewegung.
7. Wie 6.; das Schwimmbrett wird mit gestreckten Armen gehalten.

8. Wie 6.; das Schwimmbrett wird am Körper gehalten *(Abb. 148)*.

Abb. 148

9. Ein Partner zieht den Übenden an den vorgestreckten Armen in Rückenlage durch das Wasser: Kraulbeinschlag.
10. Freies Gleiten in Rückenlage mit unterstützenden Paddelbewegungen der Hände, Kraulbeinschlag.
11. Freies Gleiten in Rückenlage nach dem Abstoß von der Treppe, der Beckenwand oder dem Beckenboden mit Wechselbeinschlag. Die Hände und Arme des Übenden liegen ruhig am Körper.
12. Mit zunehmendem Können legt der Schüler zunächst einen Arm, dann den anderen, schließlich beide Arme in Streckhalte vor den Kopf, wenn er den Kraulbeinschlag übt.
13. Delphinsprünge rückwärts, dann Gleiten; kräftiger Kraulbeinschlag unterstützt das Aufgleiten an die Oberfläche *(Abb. 149)*.

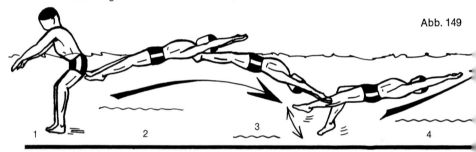

Abb. 149

14. Gleiten in Rückenlage unter der Wasseroberfläche nach dem Abstoß von der Wand. Kräftiger Wechselbeinschlag unterstützt das Aufgleiten an die Oberfläche.
15. Aus der methodischen Übungsreihe für die Rückenkraulbewegung können die Übungen 3, 4, 6, 10 und 11 auch mit Wechselbeinbewegung ausgeführt werden.

**Armzug**

*Methodische Übungsreihe*

1. „Hubschrauber"; Paddelbewegungen der Hände und Unterarme unterstützen den Auftrieb und kräftigen die Armmuskulatur *(Abb. 150)*.

Abb. 150

2. Aus dem Hubschrauber wird durch einen Drehimpuls der Arme das Karussell. Die Drehung erfolgt um die Körpertiefachse (siehe Abb. 164, Seite 121).
3. Wie 1.; der Übende streckt sich in die Rückenlage.
4. Rückenstrecklage; durch Händepaddeln bewegt sich der Schüler kopfwärts.
5. Rückenstrecklage; durch Händepaddeln bewegt sich der Schüler fußwärts.
6. Rückenstrecklage; Hände und Unterarme werden bis in Hüfthöhe geschwungen und dann kräftig wieder in die Streckung gebracht *(Abb. 151)*.

Abb. 151     1        2

7. Die Schüler stehen im brusttiefen Wasser und üben die Wechselarmbewegung für das Rückenkraulen. Später gehen sie beim Üben rückwärts.
8. Wie 7.; sie bewegen die Arme im Gleichschlag.
9. Schubkarre rückwärts; zunächst stützt der Partner den Übenden in den Kniekehlen, später an den Waden, zuletzt schiebt er ihn nur noch an den Füßen vorwärts. Dabei korrigiert er den Rückenarmzug seines Mitschülers *(Abb. 152)*.

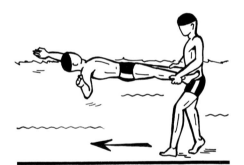

Abb. 152

10. Abstoß vom Beckenboden, dann Gleiten in Rückenlage; die Arme der Übenden befinden sich in Streckhalte vor dem Kopf. Sie werden beim Nachlassen der Gleitgeschwindigkeit kräftig bis zu den Oberschenkeln durchgezogen.
11. Wie 10.; nach Delphinsprüngen rückwärts.

# Schmetterlingsschwimmen

**Delphin-Beinschlag** (Delphinbewegung)

*Methodische Übungsreihe in Rückenlage*

Beim Erlernen der Delphinbewegung hat sich der Einsatz von Schwimmflossen als besonders vorteilhaft erwiesen. Mit ihnen erzielen die Kinder schon bei den ersten Übungen einen relativ großen Vortrieb. Zudem haben Flossen stets einen motivierenden Reiz.

Alle nachfolgend aufgeführten Übungen zum Erlernen des Delphinbeinschlags können auch mit Schwimmflossen ausgeführt werden.

1. Die Schüler sitzen am Beckenrand und lassen ihre Unterschenkel ins Wasser hängen. Sie versuchen, mit beiden Beinen gleichzeitig das Wasser von sich „wegzuschaufeln" *(Abb. 153)*.

Abb. 153

2. Wie 1.; aus dem Sitz an der Treppe.
3. Wie 1.; aus dem Stütz auf einer Treppenstufe.
4. Partnerübung: Ein Schüler zieht seinen übenden Partner mit Kopfgriff in Rückenlage und korrigiert dessen Delphinbewegung. Er achtet gleichzeitig darauf, daß sein Partner mit dem Kopf ruhig an der Wasseroberfläche liegt und kein Wasser schluckt, um sich vollkommen entspannen zu können *(Abb. 154)*.

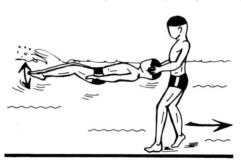

Abb. 154

5. Wie 4.; mit Achselgriff.
6. Wie 4.; der Partner unterstützt den Übenden an den in die Bewegungsrichtung gestreckten Armen.

Zunächst faßt er unter die Ellenbogen *(Abb. 155)*, dann unter die Unterarme und schließlich unter die Hände des Übenden.

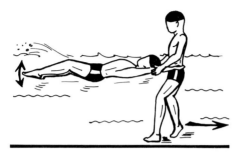

Abb. 155

7. Delphinbeinschlag in Rückenlage. Ein Schwimmbrett unterstützt den Kopf des Übenden.
8. Wie 7.; das Schwimmbrett wird in die Streckhalte geführt.
9. Delphinbewegung in Rückenlage. Die Arme des Übenden liegen gestreckt am Körper. Zunächst führen sie noch unterstützende Paddelbewegungen aus, später erfolgt der Vortrieb nur noch durch den Delphinbeinschlag *(Abb. 156)*.

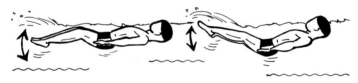

Abb. 156

10. Wie 9.; ein Arm wird in die Bewegungsrichtung gestreckt, später der andere im Wechsel.
11. Wie 9.; der Übende streckt beide Arme in die Bewegungsrichtung.
12. Delphinbewegungen nach Delphinsprüngen rückwärts.

*Methodische Übungsreihe in Brustlage*

13. Stütz an der Treppe oder auf dem Beckenboden: Die Schüler versuchen, die Unterschenkel gleichzeitig anzuwinkeln und durch einen kräftigen „Kick" wieder zu strecken.
14. Delphinsprünge über eine Leine, einen Stab, eine Schwimmsprosse oder die an der Wasseroberfläche ausgestreckten Arme eines Partners.

Der Übende fängt sich am Beckenboden mit den Händen auf, drückt sich ab, hockt die Beine an und setzt zum nächsten Delphinsprung an *(Abb. 157, S. 118)*.

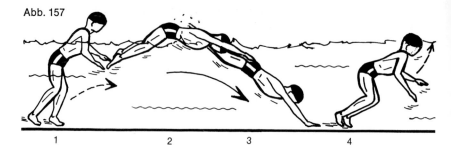

Abb. 157

1    2    3    4

*Wichtig:* Abknicken in den Hüften! Kopf und Arme führen die Bewegung!

15. Wie 14.; nach dem Eingleiten ins Wasser steuert der Schüler sich durch Nackenhalte des Kopfes und Überstreckung der Arme wieder an die Oberfläche. Es soll zu keiner Bodenberührung mehr durch die Hände kommen.
16. Delphinsprünge durch die seitgegrätschten Beine eines Partners.
17. Ein Schüler zieht seinen übenden Partner an den vorgestreckten Armen und korrigiert dessen Beinbewegungen.
18. Delphinbeinschlag mit Brett *(Abb. 158)*.

Abb. 158

19. Delphinsprünge (wie bei 15.); durch kraftvolle Delphinbewegungen bewegt sich der Übende wieder an die Oberfläche.
20. Abstoß von der Treppe, der Beckenwand oder vom Beckenboden, anschließend Gleiten mit Delphinbewegungen. Die Arme des Übenden sind in die Vortriebsrichtung gestreckt, der Kopf und die Arme führen die Bewegung.
21. Delphinbewegungen aus dem Gleiten an der Wasseroberfläche. Nach dem Abstoß zieht der Übende seine Arme bis in die Streckung am Körper durch und versucht, mit Delphinbewegungen den Vortrieb fortzusetzen. Nur der Kopf führt hier die Bewegung *(Abb. 159)*.

Abb. 159

*Vorsicht!* Diese Übung darf nur an der Wasseroberfläche durchgeführt werden. Unter Wasser besteht Verletzungsgefahr durch Aufprall auf den Beckenboden.

22. Schultertiefes Wasser: „Delphintauchen" nach dem Abstoß von der Beckenwand. Die Arme sind dabei vorgestreckt.
23. Schultertiefes Wasser: Beinschlag aus dem Gleiten an der Oberfläche, dann schnellkräftiges Abknicken in den Hüften und Abtauchen. Durch Delphinbewegungen gelangt der Schüler wieder an die Oberfläche.
24. Delphinbeinschlag in Seitenlage: Der Übende „schlängelt" sich in Seitenlage durch das Wasser. Sein unterer Arm befindet sich in Streckhalte vor dem Körper, der obere gestreckt am Körper *(Abb. 160)*.

Abb. 160

**Delphin-Armbewegungen**

Alle Übungen werden zunächst ohne, dann mit koordinierter Atmung durchgeführt.

1. Delphinarmzug aus dem Stand im brusttiefen Wasser. Die Schüler stehen beim Üben leicht vorgebeugt im Lehrbecken. Ihr Kinn berührt die Wasserfläche. Später atmen sie ins Wasser aus und heben mit Abschließen der Armbewegung den Kopf zum Einatmen aus dem Wasser.
2. Wie 1.; die Schüler gehen im brusttiefen Wasser *(Abb. 161)*.

Abb. 161

3. Wie 2.; die Schüler ziehen die Arme mit zunehmender Geschwindigkeit so durch das Wasser, daß am Ende des Armzuges kleine Wasserfontänen nach hinten wegspritzen *(Abb. 162)*.

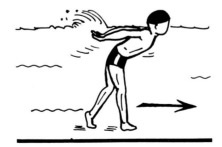

Abb. 162

4. Gleiten an der Oberfläche und Durchzug beider Arme bis an die Oberschenkel.
5. Delphinsprünge mit anschließendem Gleiten unter Wasser. Beim Nachlassen der Gleitgeschwindigkeit ziehen die Schüler beide Arme gleichzeitig bis an die Oberschenkel durch. Dann lassen sie sich an der Oberfläche treiben, hocken die Beine an, stehen auf und beginnen von vorn.
6. Schubkarre vorwärts: Der Partner unterstützt den Übenden an den Knien, wenn er ihn durch das Wasser schiebt. Üben des Delphinarmzuges *(Abb. 163)*.

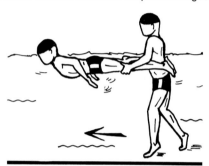

Abb. 163

7. Üben der Delphinarmbewegung aus dem Gleiten nach dem Abstoß von der Treppe oder Beckenwand. Die Schüler atmen vor dem Eingleiten tief ein und halten während der Übung die Luft an. Der Kopf wird nicht aus dem Wasser gehoben.

*Wichtig:* Zwischen den einzelnen Armzyklen werden Gleitpausen eingelegt, um zu größerer Konzentration auf den folgenden Armzug zu gelangen.

8. Wie 7.; mit koordinierter Atmung.

## Starts und Wenden

Verschiedene Fertigkeiten müssen von den Schülern beherrscht werden, damit diese später zügig und problemlos zu den Starts und Wenden für die verschiedenen Schwimmtechniken geführt werden können:
1. Orientierung unter Wasser (siehe Kapitel „Tauchübungen", Seite 42).
2. Ausatmen durch Mund und Nase unter Wasser
(siehe Kapitel „Atemübungen", Seite 54).
3. Gleiten unter der Wasseroberfläche.
4. Abstoßen von der Wand unter der Wasseroberfläche.
5. Drehungen um die verschiedenen Körperachsen *(Abb. 164)*.

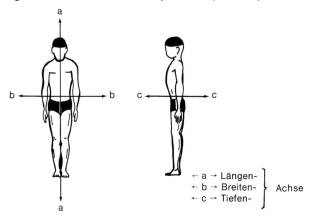

Abb. 164

← a → Längen- ⎫
← b → Breiten- ⎬ Achse
← c → Tiefen- ⎭

Während das Orientieren und Ausatmen unter Wasser in den entsprechenden Kapiteln der Wassergewöhnung ausführlich behandelt wurden und dort nachzulesen sind, werden hier das Gleiten und Abstoßen unter Wasser sowie die Drehungen um die Körperachsen eingehend dargestellt.

### Gleiten unter der Wasseroberfläche
1. Delphinsprünge vorwärts, dann Aufgleiten an die Oberfläche. Die Bewegungsrichtung wird durch Kopf und Arme geführt.
2. Wie 1.; durch die gegrätschten Beine eines Partners *(Abb. 165)*.

Abb. 165

3. Tunneltauchen.
4. Hangeltauchen.
5. Tauchen durch einen Reifen, der senkrecht im Wasser steht *(Abb. 166).*

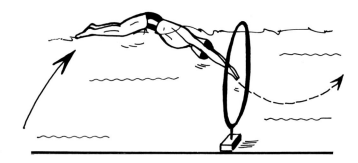

Abb. 166

6. Delphinsprünge seitwärts mit seitwärtigem Gleiten unter Wasser *(Abb. 167).*

Abb. 167

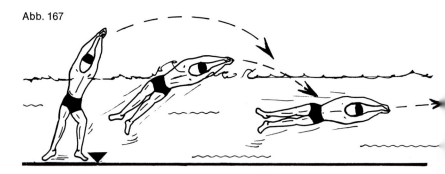

7. Delphinsprünge rückwärts mit anschließendem Gleiten an die Oberfläche.
8. „Torpedo": Ein Schüler schiebt seinen übenden Partner, nachdem dieser tief eingeatmet hat, in Brustlage an der Wasseroberfläche. Mit Kopf und Armen steuert sich der Übende nun unter die Wasseroberfläche, erhält von seinem Partner noch einen Schubimpuls und gleitet dann ohne weitere Unterstützung unter Wasser dahin.
9. Aus dem Sitz auf einer Treppenstufe: Eingleiten und Ausgleiten unter Wasser.
10. Tiefe Hocke auf einer Treppenstufe: Gleitsprung mit anschließendem Ausgleiten unter Wasser.

**Abstoßen unter Wasser**

11. Stand mit dem Rücken zur Beckenwand: Die Schüler tauchen mit wenig Atemluft und versuchen, sich durch Paddelbewegungen der Hände und Unterarme in Hockstellung an der Wand zu halten *(Abb. 168).*

Abb. 168

*Hinweis:* Diese Übung kann den Schülern nur gelingen, wenn sie mit dem Abtauchen das Ausatmen verbinden.

12. Wie 11.; dazu Abstoßen und Ausgleiten.
13. Wie 12.; nach dem Abstoßen gleiten die Schüler durch die Beine eines Partners. Mit zunehmendem Können des Übenden wählt der Partner sich einen entfernteren Standpunkt im Lehrbecken.
14. Gleiten nach dem Abstoß von der Beckenwand. „Wer schafft es, beim Gleiten am längsten mit den Händen über den Beckenboden zu streichen?" *(Abb. 169)*

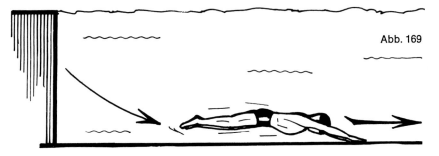

Abb. 169

15. Wie 12.; nach dem Abstoßen gleiten die Schüler durch einen senkrecht im Wasser stehenden Reifen.
16. Seitwärts Abtauchen und Abstoßen von der Beckenwand. Jeder Schüler versucht, möglichst lange in Seitenlage zu gleiten *(Abb. 170)*.

Abb. 170

17. Wie 16.; Seitenwechsel. Bei den Übungen 16 und 17 sollen die Schüler herausfinden, welche ihre bevorzugte Kippseite ist. Sie sollen jedoch das Kippen auch zur Gegenseite erlernen.
18. Abstoßen in Seitenlage, dann Gleiten und Drehen in die Brustlage.
19. Abstoßen in Seitenlage, dann Gleiten und Drehen in die Rückenlage.
20. Abtauchen und Abstoßen in Rückenlage unter Wasser, dann Aufgleiten bis an die Wasseroberfläche.

**Drehungen um die verschiedenen Körperachsen**

21. Strecksprünge mit Drehung: Die Schüler verbinden die Sprünge im hüft- bis schultertiefen Wasser mit einer viertel, halben oder ganzen Drehung um die Körperlängenachse.
22. „Hüpfkarussell": Im hüfttiefen Wasser führen die Schüler in leichter Hockstellung Schwebesprünge aus und drehen sich dabei um die Längenachse.
23. „Karussell": Mit unterstützenden Paddelbewegungen der Hände und Unterarme schweben die Schüler an der Oberfläche. Zusätzlich geben sie sich einen Drehimpuls, der sie nach links oder rechts rotieren läßt. Ihre Knie befinden sich dabei dicht unter der Wasseroberfläche *(Abb. 171)*.

Abb. 171

24. „Walze": Die Kinder legen sich in Gleitlage ins Wasser und wälzen sich von der Brust- in die Rücken- und weiter in die Brustlage. Dabei können sie die Arme an den Körper anlegen oder einen Arm bzw. zwei Arme vorstrecken.
25. Aus dem „Hubschrauber" mit unterstützendem Händepaddeln strecken sich die Schüler zunächst in die Rückenstrecklage. Dann hocken sie die Beine wieder in die Ausgangsstellung an und strecken sie anschließend zur Brustgleitlage *(Abb. 172)*.

Abb. 172

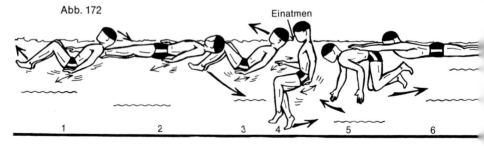

1   2   3   4   5   6

26. Im brusttiefen Wasser: Abknicken in den Hüften und Handstand.
27. Rolle vorwärts: Zwei Partner unterstützen den Übenden. Sie stehen zu beiden Seiten und setzen ihre Hilfe an den Oberarmen an.

28. Wie 27.; die Partner greifen nur noch die Hände des Übenden *(Abb. 173)*.

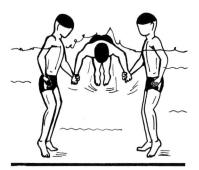

Abb. 173

*Hinweis:* Die Partner unterstützen mit der Innenhand.
29. Rolle vorwärts ohne Hilfe aus dem Stand in den Stand.
30. Wie 29., aber Rolle aus dem Gleiten in den Stand. Während des Gleitens zieht der Übende seine Arme bis an die Oberschenkel durch, leitet die Rollbewegung durch Nicken des Kopfes ein, knickt in den Hüften ab und hockt die Beine an.
31. Abstoßen vom Beckenboden oder von der Beckenwand. Aus dem Gleiten heraus üben die Schüler auf einen optischen Reiz hin die Rolle vorwärts. Zur Markierung auf dem Beckenboden eignen sich Ringe, Tauchsteine oder ähnliches *(Abb. 174)*.

Abb. 174

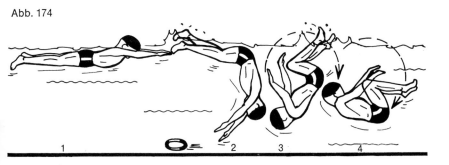

32. Wie 31.; nach einem taktilen Reiz wie Berühren der Schulter, des Rückens oder Kopfes des Übenden.
33. Ausführung der Übungen 31 und 32 nach dem Gleiten zur Wand. In einem Abstand von etwa 1 m von der Beckenwand ist ein Ring abgelegt, der als optisches Signal dient, die Rolle einzuleiten. So wird den Übenden die Furcht vor einem eventuellen Aufprall auf die Beckenwand genommen *(Abb. 175, S. 126)*.

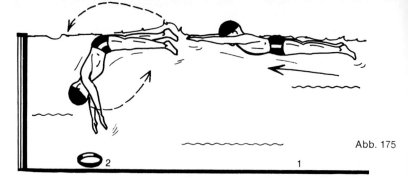

Abb. 175

Entsprechend verfährt der Lehrer oder Helfer mit taktilen oder auch akustischen Hilfen. Bereits nach kurzer Zeit gewöhnen sich die Schüler an das ungewohnte Lichtbrechungsverhältnis unter Wasser, schätzen die Entfernung zur Wand richtig ein und benötigen bei Ausführung der Rollwende keine Hilfen mehr.

34. Gleiten – Ansetzen der Rolle vorwärts – Stoppen der Rollbewegung nach einer halben Drehung und Auftreiben in die Rückenlage.
35. Seitliche Kippbewegungen links und rechts im brusttiefen Wasser *(Abb. 176)*.

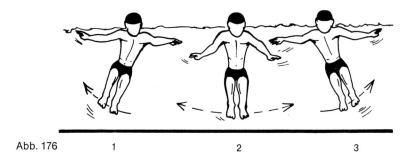

Abb. 176    1      2      3

36. Rolle rückwärts aus dem Stand. Zwei Partner unterstützen durch Oberarmgriff.
37. Wie 36.; die Partner unterstützen nur noch durch den Druck ihrer Hände.
38. Rolle rückwärts aus dem Stand in den Stand ohne Hilfe.
39. Rolle rückwärts aus dem Gleiten in den Stand *(Abb. 177)*.

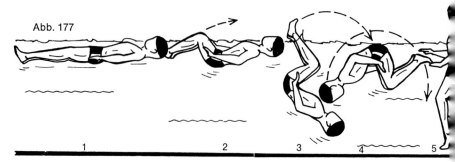

Abb. 177

# Transportieren und Retten

Die folgenden Partnerübungen sollen den Schülern die Begriffe Ziehen, Schieben, Kopfschleppgriff, Achselschleppgriff und Fesselschleppgriff so veranschaulichen, daß sie sie in ihren Begriffsschatz aufnehmen können. Zudem vermitteln diese Übungen die Fertigkeit, diese Techniken in ihrer Grobform zu beherrschen.

1. Ein Schüler geht durch brust- bis schultertiefes Wasser und zieht seinen Partner, der sich an seinen Schultern festhält. Die Arme des Partners sind gestreckt, der Kopf ist zum Atmen angehoben.
2. Wie 1.; der Partner taucht seinen Kopf ins Wasser, um zu einer besseren Gleitlage zu kommen, und hebt den Mund nur noch zum Einatmen über die Wasseroberfläche *(Abb. 178)*.

Abb. 178

3. Wie 2.; der Ziehende versucht, durch zusätzliche Brustarmbewegungen den Vortrieb zu vergrößern.
4. Schubkarre rückwärts: Der Schiebende geht zwischen den seitgegrätschten Beinen seines Partners und greift zur Unterstützung dessen Oberschenkel.
5. Wie 4.; der Partner hält sich an den Schultern des Schiebenden fest und läßt sich ohne dessen Unterstützung schieben *(Abb. 179)*.

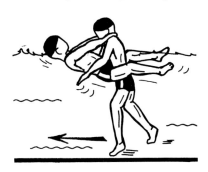

Abb. 179

6. Ziehen mit Kopfgriff: Der Ziehende setzt den Griff so an, daß der Daumen am Hinterkopf, die drei mittleren Finger an den Wangen und der kleine Finger unter dem Kinn liegen.

7. Ziehen mit Achselschleppgriff *(Abb. 180)*.

Abb. 180

8. Partnerübung: Beide Schüler stehen hintereinander. Der Übende setzt bei seinem vor ihm stehenden Partner den *Flaig'schen Fesselschleppgriff* an *(Abb. 181)*.

Abb. 181

9. Der Übende zieht seinen Partner mit dem oben genannten Fesselschleppgriff durch schulter- bis brusttiefes Wasser *(Abb. 182)*.

Abb. 182

# Spiele in der Wassergewöhnung

# Spiele im Lehrbecken

Nach der Erkenntnis „spielerisches Lernen motiviert, und motiviertes Lernen führt sicherer und schneller zum Lernziel" kommt dem spielerischen Element in der Wassergewöhnung eine tragende Rolle zu. Die Vermittlung von Übungen und Erarbeitung von Fertigkeiten müssen dem „Prinzip des spielhaften Erlernens" unterstellt sein. Das gilt sowohl für den Bereich des Grundlehrgangs (Auseinandersetzung, Auftrieb, Tauchen, Atmen, Springen, Gleiten) als auch für eine in Spielformen eingekleidete Vorschulung der Schwimmtechniken.

Neben dieser spielerischen Vermittlung von Fertigkeiten muß in der Wassergewöhnung auch der mehr eigenständige Bereich der „Spiele im Wasser" ausreichend Berücksichtigung finden. In deren Mittelpunkt steht das Spiel selbst; formale Absichten werden mehr oder weniger nur am Rande und für die Akteure kaum bemerkbar in das Spielgeschehen einbezogen.

Wie die Spiele in der Sporthalle, auf dem Sportplatz oder dem grünen Rasen Freude an Wettkampf, Kräftevergleich und gemeinschaftlichem Tun vermitteln und fördern und gleichzeitig Bewegungsformen und Fertigkeiten üben und festigen sowie die allgemeine Kondition steigern sollen, so sind diese Prinzipien auch auf die „Spiele im Wasser" übertragbar.

Zweifellos besitzt das Wasser im Spiel- und Freizeitbereich einen zwingenden Aufforderungscharakter: Es regt Kinder, Jugendliche und selbst Erwachsene — einzeln oder in Gruppen — zum Spielen an. Das Wasser erweist sich als beliebtes, Aktivität, Spontaneität und Kreativität forderndes und belebendes Spielelement.

Die Schwimmpädagogik nutzt diesen aktiven Spieltrieb für die Belange der gezielten Wassergewöhnung und bringt ihn sinnvoll ein in eine Reihe von geordneten Spielen, die bestimmten Gesetzmäßigkeiten unterliegen:

— Die Spiele werden in der Gruppe durchgeführt.

— Sie werden nach Regeln gespielt, die oft flexibel sind und daher vor Spielbeginn eindeutig abgesprochen und festgelegt werden müssen.

— Sie fordern in der Mehrzahl mannschaftliches Zusammenspiel oder partnerschaftliches Tun mit einem Schüler oder mehreren Mitschülern.

Die Schüler wählen Spiele vornehmlich nach ihrer motivierenden Wirkung aus. Der Lehrer oder Übungsleiter darf sich diesem Gesichtspunkt nicht verschließen, unterstellt aber die Wahl des Spiels jeweils auch einem methodischen Ziel.

In jeder Übungsstunde sollte das Spiel seinen Platz finden. Der Lehrer setzt es entsprechend seiner pädagogischen Absicht

— an den Stundenbeginn,

— in die Übungsstunde oder

— an den Stundenabschluß.

1. Wählt der Lehrer ein Spiel zur *Einleitung* der Übungsstunde, so beabsichtigt er,
    — die Schüler zu erwärmen und auf die folgenden Übungen einzustimmen;
    — sie an die physikalischen Eigenschaften und Gesetzmäßigkeiten des Wassers (Nässe, Kälte, Druck) zu gewöhnen;
    — bestimmte Teile des Hauptthemas der Stunde vorzubereiten;

- Themenbereiche der vorhergehenden Stunde aufzugreifen;
- Organisationsformen für den Hauptteil vorzubereiten;
- den Schwimmschülern Sicherheitsmaßnahmen durchschaubar zu machen und sie zu entsprechenden Einsichten zu führen.
- bestimmte Sozialformen zu üben und zu festigen oder
- durch Spielformen ein größeres Spiel vorzubereiten.

2. Für den *Hauptteil* wird der Lehrer Spiele wählen, die
   - die Kinder nach ruhigen, statischen Übungen mit Korrekturanweisungen (z. B. Üben der Schwunggrätsche) wieder aufmuntern und neu motivieren;
   - neue Übungsteile und Bewegungsformen festigen und automatisieren;
   - Sozial- und Partnerformen festigen und vertiefen;
   - die Angst vor dem Wasser abbauen;
   - ein größeres Spiel (z. B. Wasserball) vorbereiten.

3. Für den *Stundenabschluß* wird der Lehrer ein Spiel wählen, das
   - von der Dynamik her einen Gegensatz zum Hauptteil der Stunde darstellt: ein lebhaftes Spiel nach einer ruhigen, relativ wenig übungsintensiven Stunde und umgekehrt;
   - Freiraum bietet für eigenschöpferisches Tun;
   - Übungsteile aus dem Hauptteil der Stunde festigt und vertieft;
   - die Kinder veranlaßt, bestimmte Techniken spielerisch anzuwenden;
   - Möglichkeiten der Sozialisation offenläßt.

Für die Durchführung aller Spiele gelten gewisse Grundsätze, die vom Lehrer zu beachten sind, damit sich jeder Teilnehmer mit ungetrübter Freude einem Spiel hingeben kann:

1. Alle Spielteilnehmer müssen für die Dauer des Spiels zum aktiven Mitmachen motiviert sein. Der Mangel an Intensität und Motivation führt zu Unlust und Frieren und veranlaßt die Kinder, das Spiel durch Mutwilligkeiten zu stören.
2. Die Spiele im Lehrbecken werden nach Möglichkeit im brusttiefen Wasser durchgeführt, um den Kältereiz durch Verdunstung herabzusetzen.
3. Alle Spiele werden so gewählt, daß sie dem jeweiligen Entwicklungsstand der Kinder angemessen sind. Sie müssen mit wenigen Worten erklärbar und für die Teilnehmer in Ablauf und Zielsetzung verständlich sein.
4. Erfahrungsgemäß zeichnet sich in vielen Schwimmgruppen auch gleichaltriger Kinder ein starkes Leistungsgefälle ab. Dieses muß bei der Spielauswahl Berücksichtigung finden und den Lehrer veranlassen, seine Absichten und Anforderungen an den schwächeren Teilnehmern zu orientieren. *Alle* Schüler müssen zu aktiver Teilnahme motiviert sein.
5. Je jünger die Schüler sind, desto weniger zeigen sie sich zu Spielen mit Sozial- bzw. Partnerformen befähigt. Auch dieser Umstand sollte bestimmend für die Spielauswahl sein.
6. Spiele, die vom Land ins Wasser übernommen und entsprechend abgewandelt werden, müssen den oben unter Ziffer 1, 3, 4 und 5 genannten Anforderungen gerecht werden.

## Übersicht

| | Seite | | Seite |
|---|---|---|---|
| 1. „Schlange" | 133 | 22. Ringtennis | 154 |
| 2. „Schnecke" | 134 | 23. Ball über die Schnur | 155 |
| 3. „Raupe" | 135 | 24. Wasser-Volleyball | 156 |
| 4. „Henne und Habicht" | 136 | 25. Jägerball | 157 |
| 5. Kreis | 137 | 26. Wasserball im Lehrbecken | 158 |
| 6. Zerrkreis | 138 | 27. Haschen | 159 |
| 7. „Autofahrt" („Dampferfahrt") | 139 | 28. Delphinhaschen | 160 |
| 8. „Schwan, kleb' an!" | 140 | 29. Tauch-Haschen | 161 |
| 9. „Schwarz oder weiß" | 141 | 30. „Fischefangen" | 162 |
| 10. Ball im Quadrat (Reifen) | 142 | 31. „Schattenlaufen" | 163 |
| 11. „Steh, Bock! Lauf, Bock!" | 143 | 32. Staffeln im Lehrbecken | 164 |
| 12. Treibball | 144 | 33. „Torpedo" | 165 |
| 13. „Wer fürchtet sich vorm bösen Wolf?" | 145 | 34. Tauchstaffel | 166 |
| | | 35. „Tunneltauchen" | 167 |
| 14. Spritzschlacht | 146 | 36. Hangeltauchen | 168 |
| 15. Schiebekampf | 147 | 37. „Wasserstrudel" | 169 |
| 16. „Hahnenkampf" | 148 | 38. „Wellengang" | 170 |
| 17. „Tauziehen" | 149 | 39. Hechtprellen | 171 |
| 18. Reiterkampf | 150 | 40. Völkerball | 172 |
| 19. „Die Jungen – die Mädchen" | 151 | 41. Tauchball | 173 |
| 20. Ballonprellen | 152 | 42. „Fischer, Fischer, wie tief ist das Wasser?" | 174 |
| 21. Ballhalten | 153 | | |

## „Schlange"

Die Kinder gehen mit Handfassung durch das Lehrbecken. An der Spitze geht der Übungsleiter oder Lehrer (brust- bis schultertiefes Wasser für den kleinsten Schüler).

**Methodischer Einsatz**

In den ersten Stunden der Wassergewöhnung mit Schülern des vorschulischen und Primarbereichs.

**Ziele**

— Kennenlernen des neuen Übungsraumes,
— Empfinden des Wasserwiderstandes,
— Einatmen gegen den Wasserdruck,
— erste Kontakte mit Partnern,
— erste Erfahrungen mit zügigen Bewegungsformen im Wasser,
— Erfahrungen mit rutschigem Untergrund.

**Variationen**

— Gehen zur und in der Kreisform (siehe „Kreis"),
— Gehen zur „Schnecke" bzw. Spirale,
— Rückwärtsgehen in der „Schlange".

Abb. 183

## „Schnecke"

Die Kinder gehen in brusttiefem Wasser mit Handfassung („Schlange") in eine Spiralform („Schnecke"), die im Laufe der Übung recht eng werden soll.

Der Lehrer führt die „Schnecke" an und steht am Ende in ihrem Zentrum. Die Auflösung der „Schnecke" vollzieht sich auf umgekehrtem Wege.

Die Handfassung kann auch gelöst werden. Dann endet das Spiel in einer Spritzschlacht. In einer anderen Variante werfen die Kinder mit ihren Händen Wasser in die Höhe und lassen es „regnen".

**Methodischer Einsatz**

Während des ersten Teils der Wassergewöhnung im Vorschul- und Primarbereich.

**Ziele**

— Empfinden des Wasserwiderstandes,

— Einatmen gegen den Wasserdruck,

— Ordnungsformen mit Partnerkontakt,

— Gewöhnung an Wassertropfen im Gesicht,

— Überwindung der Angst vor Wasserspritzern.

Abb. 184

## „Raupe"

Schwebesprünge in der Gruppe. Die Schüler stehen hintereinander mit Schulterfassung. Sie hüpfen aus einer mehr oder weniger tiefen Hockstellung langsam vorwärts. Das Wasser umspült dabei ihre Schultern.

**Methodischer Einsatz**

In den ersten Stunden der Wassergewöhnung mit Schülern der Vorschule und des Primarbereichs.

**Ziele**

— Empfinden des Wasserwiderstandes,

— kurzzeitiges Lösen vom Boden,

— sicheres „Landen" auf dem Beckenboden,

— erste Kontakte mit Partnern,

— Einatmen gegen den Wasserdruck.

Abb. 185

## „Henne und Habicht"

Die „Henne" geht mit ihren „Küken" durch das Lehrbecken. Ein „Küken" umfaßt dabei den Körper der „Henne", das zweite den Körper des ersten usw. Der „Habicht" versucht, sich eins der „Küken" zu holen. Die „Henne" jedoch schirmt ihre Kleinen ab, indem sie sich dem Räuber zuwendet, die „Küken" immer hinter sich abdeckend.

**Methodischer Einsatz**

Vorschulischer und Primarbereich in der Phase der Wassergewöhnung.

**Ziele**

— Gewöhnung an den rutschigen Untergrund,

— Gewöhnung an den Wasserwiderstand,

— schnelles Reagieren im Wasser,

— Einatmen gegen den Wasserdruck,

— Gewöhnung an Partnerübungen.

Abb. 186

## Kreis

Die Kinder stehen im Kreis mit oder ohne Handfassung in schultertiefem Wasser.

**Spielformen**
- „Ein – zwei – drei – vier –,
  run – ter – mit – dir!"
  Bei den ersten sieben Silben hüpfen alle Kinder im Wasser auf und ab, bei der letzten Silbe tauchen sie unter.
- Alle Kinder fassen sich an, gehen zur Mitte und wieder zurück nach außen.
- Alle Kinder gehen im Kreis mit Handfassung links und rechts herum.
  Wechsel der Gehrichtung auch auf Zuruf oder Pfiff. Aus dem Gehen kann ein Hüpfen oder zügiges Laufen werden, wenn sich die Kinder etwas sicherer im Wasser fühlen.
- Während die Kinder im Kreis links oder rechts herum gehen, können zwei Einzelkinder „Katze und Maus" spielen.

**Methodischer Einsatz**

In der Wassergewöhnung bei Kindern des Vorschul- und Primarbereichs sowie der Orientierungsstufe.

**Ziele**
- Einatmen gegen den Wasserdruck,
- Ausatmen gegen den Wasserdruck,
- Festigung des Tauchens,
- Mitreißen ängstlicher Schüler durch die Gruppe,
- Fortführen partnerschaftlicher Kontakte,
- sicheres Bewegen im Wasser,
- Entwicklung zügiger Bewegungen,
- Erfahrungen mit rutschigem Untergrund.

Abb. 187

## Zerrkreis

Sechs bis acht Schüler stellen sich in Kreisform mit Handfassung auf. In der Mitte dieses Kreises befindet sich ein Ball oder ein an der Oberfläche schwimmender Tennisring. Durch kräftiges Ziehen versuchen die Schüler, den Kreis in seiner Stellung so zu verändern, daß Ball oder Ring einen Mitspieler berühren. In diesem Fall bekommt der Schüler einen Minuspunkt. Vorher kann er jedoch dieser Berührung ausweichen, indem er sich, den Kreis mit sich ziehend, rück- oder seitwärts bewegt.

**Methodischer Einsatz**

Alle Alters- und Leistungsstufen.

**Ziele**

— Gewöhnung an den rutschigen Untergrund,

— „unfreiwilliges" Tauchen,

— Ablenken von der Angst vor dem Wasser.

Abb. 188

## „Autofahrt" („Dampferfahrt")

Jedes Kind hält einen kleinen Tauchring in den Händen. Es stellt im Spiel ein Auto dar; der Tauchring ist das Lenkrad. Alles, was das Auto kann, können die Kinder jetzt auch:
- Sie fahren vorwärts.
- Sie legen den Rückwärtsgang ein.
- Sie fahren langsam und schnell im Wechsel.
- Sie kurven umeinander herum.
- Sie überholen sich gegenseitig.
- Sie dürfen auch einmal zusammenstoßen.
- Sie fahren über eine holprige Fahrbahn.

**Methodischer Einsatz**

Vorschulbereich und Primarstufe in der Anfangsphase der Wassergewöhnung.

**Ziele**
- Ablenken der Kinder von der Angst vor dem Wasser,
- Gewöhnung an den rutschigen Untergrund,
- Gewöhnung an den Wasserwiderstand.

**Variationen**

Mit einem Schwimmbrett, das sie vor sich hinschieben, spielen die Kinder „Dampfer".

Abb. 189

## „Schwan, kleb' an!"

Alle Kinder sind im Lehrschwimmbecken verteilt. Ein Schüler ist der Fänger. Er verfolgt seine Mitschüler. Hat er einen von ihnen erreicht, schlägt er ihn mit den Titelworten des Spiels ab: „Schwan, kleb' an!" Beide fassen sich nun an den Händen und versuchen, einen oder mehrere andere Mitschüler zu fangen. Sie dürfen mit der freien Hand abschlagen. Im Laufe der Zeit verlängert sich dadurch die Fängerkette. Der Schüler, der zuletzt übrig ist, wird Fänger für das nächste Spiel.

**Methodischer Einsatz**

Während der Zeit der Wassergewöhnung, auch bei Halbschwimmern und Schwimmern bis einschließlich Orientierungsstufe.

**Ziele**

— Gewöhnung an den rutschigen Untergrund,

— Gewöhnung an den Wasserwiderstand,

— schnelles Reagieren im Wasser,

— Einatmen gegen den Wasserdruck,

— Gewöhnung an gemeinsames Vorgehen mit Partnern.

Abb. 190

## „Schwarz oder weiß"

Zwei Schülergruppen stehen sich in der Mitte des Lehrbeckens gegenüber (ca. 2 m Abstand). Eine Gruppe ist „schwarz", die andere „weiß". Auf den Ruf des Lehrers „Weiß!" versuchen die „Weißen", möglichst viele Schüler der Gegenpartei abzuschlagen, bevor diese die Beckenwand erreicht haben.

**Methodischer Einsatz**

Im vorschulischen und Primarbereich, auch in der Orientierungsstufe während des ersten Teils der Wassergewöhnung.

**Ziele**

— Sicheres Bewegen im Wasser,

— Schulung zügiger Bewegungen,

— Umgehen mit dem Wasserwiderstand,

— schnelles Reagieren im Wasser.

Abb. 191

## Ball im Quadrat (Reifen)

Ein Quadrat, zusammengesteckt aus vier Schwimmsprossen, oder ein auf dem Wasser schwimmender Gymnastikreifen aus Kunststoff wird von vier Kindern gehalten, die sich jeweils zu zweit gegenüberstehen. Im Inneren schwimmt ein Weinkorken oder ein Tischtennisball. Jedes Kind versucht, den Ball durch Pusten von seinem Bereich fort auf die Seite der Mitspieler zu treiben. Berührt der Ball den Reifenrand bzw. den Stab oder treibt sogar darüber hinaus, erhält der Schüler einen Minuspunkt.

**Methodischer Einsatz**

Vorschule, Primar- und Orientierungsstufe zu Beginn der Wassergewöhnung.

**Ziele**

— Kräftigung der Ausatmung.

Abb. 192

## „Steh, Bock! Lauf, Bock!"

Eine Schülergruppe ist aufgeteilt in Fänger und Läufer, z. B. 25 % Fänger / 75 % Läufer oder 30 % Fänger / 70 % Läufer.

Je mehr Fänger vorhanden sind, desto schneller ist das Spiel entschieden. Bei einem geringen Prozentsatz an Fängern ist es sehr schwer, das Spiel so zu beenden, daß alle Kinder gefangen werden.

Alle Schüler bewegen sich frei im Lehrbecken. Wird nun ein Schüler mit den Worten „Steh, Bock!" von einem Fänger abgeschlagen, darf er sich so lange nicht vom Fleck rühren, bis ein anderer Läufer ihn mit den Worten „Lauf, Bock!" erlöst hat.

**Methodischer Einsatz**

In allen Altersstufen bis einschließlich Orientierungsstufe in allen Phasen der Wassergewöhnung, auch für Schwimmer geeignet.

**Ziele**

— Erwärmung,

— Sicherheit beim Gehen und Laufen im Lehrbecken,

— geschicktes Bewegen im Wasser,

— Reaktionsschulung,

— mannschaftliches Spiel.

Abb. 193

## Treibball

Ein großer Nivea-Ball wird von den Schülern, die in zwei gleichstarke Mannschaften aufgeteilt sind, gedrückt und geschoben, gehoben und geworfen, bis er die gegenüberliegende Schmalseite des Lehrbeckens berührt hat. Diese Berührung zählt als Tor.

Vor Beginn des Spiels nimmt jede Partei an einer Seite des Beckens Aufstellung. Beim Startzeichen wirft der Lehrer den Ball in die Mitte, und das Spiel nimmt seinen Lauf.

Freistoßregeln wegen Foulspiels wird der Lehrer vor dem Spiel mit den Schülern absprechen. Sie dienen der Sicherheit der Kinder (zu harter Einsatz, Schlagen, Privatfehden zweier Schüler u. ä.).

**Methodischer Einsatz**

Bei Kindern und Schülern im vorschulischen und Primarbereich.

**Ziele**

- Sicherheit und Wendigkeit im Wasser,
- gemeinsames Spiel mehrerer Leistungsgruppen (Schwimmer, Halb- und Nichtschwimmer),
- Mitreißen ängstlicher Schüler.

Abb. 194

## „Wer fürchtet sich vorm bösen Wolf?"

Alle Schüler stehen an einer Schmalseite des Lehrbeckens, der Fänger ihnen gegenüber auf der anderen Seite. Nun entwickelt sich folgender Dialog:

Fänger: „Wer fürchtet sich vorm bösen Wolf?"
Schüler (im Chor): „Niemand!"
Fänger: „Und wenn er kommt?"
Schüler: „Dann laufen wir!"

Dies ist für den Fänger und seine Mitschüler das Startzeichen zum Loslaufen. Die Schüler streben der gegenüberliegenden Beckenseite zu, während der „Wolf" ihnen entgegenkommt und versucht, möglichst viele von ihnen abzuschlagen. Jeder Getroffene wird vom nächsten Lauf an nun auch zum Fänger. Dialog und Lauf wiederholen sich, bis alle Kinder zu Fängern geworden sind. Der zuletzt abgeschlagene Schüler wird der „Wolf" des folgenden Spiels.

**Methodischer Einsatz**

Während der Zeit der Wassergewöhnung, auch bei Halbschwimmern und Schwimmern bis einschließlich Orientierungsstufe.

**Ziele**

— Gewöhnung an den rutschigen Untergrund,
— Gewöhnung an den Wasserwiderstand,
— schnelles Reagieren im Wasser,
— Schulung der Gewandtheit im Wasser,
— Ablenkung von der Angst vor dem Wasser.

Abb. 195

## Spritzschlacht

Die Schüler stehen in Kreisform im Lehrbecken. Sie haben das Gesicht zur Kreismitte gerichtet. Jeder versucht, jeden naßzuspritzen. Alle, die noch etwas ängstlich sind, dürfen sich auch mit dem Rücken zur Kreismitte stellen.

**Methodischer Einsatz**

In der Wassergewöhnung vom Vorschulalter an aufwärts.

**Ziele**

— Gewöhnung an Wasserspritzer im Gesicht.

**Variationen**

— Die Kinder gehen zur „Schnecke". Sie lassen sich los, wenn die Schnecke ganz eng geworden ist; dann Spritzschlacht.

— Die Kinder stehen in Kreisform. Der Lehrer befindet sich in der Mitte des Kreises. Alle Schüler spritzen den Lehrer; er darf zurückspritzen.

Abb. 196

## Schiebekampf

Die Schüler stellen sich paarweise einander gegenüber auf und fassen ihren Partner an den Oberarmen. Nun versucht jeder, den anderen rückzuschieben. Wem es gelingt, seinen Mitschüler bis zur gegenüberliegenden Beckenwand zu drücken, ist Sieger.

**Methodischer Einsatz**

Zu Beginn der Wassergewöhnung in allen Altersstufen; auch geeignet als Spiel für Fortgeschrittene.

**Ziele**

— Gewöhnung an den rutschigen Untergrund,

— „unfreiwilliges" Tauchen.

**Variationen**

Ausscheidungskämpfe nach dem K.-o.-System.

Abb. 197

## „Hahnenkampf"

Alle Schüler verschränken die Arme vor der Brust und bewegen sich hinkend vorwärts. Dabei versuchen sie, ihre Mitschüler aus dem Gleichgewicht zu bringen, indem sie sie anrempeln. Jeder Umgestoßene darf sich jedoch weiter am Spiel beteiligen, damit alle Schüler bis zum Schluß in Bewegung sind.

**Methodischer Einsatz**

Alle Alters- und Leistungsstufen.

**Ziele**

— Gewöhnung an den rutschigen Untergrund,

— Gleichgewichtsschulung,

— „unfreiwilliges" Tauchen,

— Gewöhnung an den Wasserwiderstand.

**Variationen**

Ausscheidungswettkämpfe; jeweils zwei Schüler treten gegeneinander an. Nach dem K.-o.-System scheidet der Verlierer aus. Danach kommt es zu neuen Paarungen, bis der Gesamtsieger ermittelt ist.

Abb. 198

## „Tauziehen"

Zwei Schülergruppen mit je fünf bis sieben Schülern stehen sich gegenüber. Die beiden kräftigsten Schüler, jeweils einer aus jeder Gruppe, fassen sich an den Handgelenken. Mit den Armen umfassen die Mitschüler jeweils den Körper des Vordermannes. Auf ein Zeichen versucht jede Gruppe, die andere zu sich herüberzuziehen. Gelingt dies einer Gruppe bis zu einer festgesetzten Markierung, so hat sie gesiegt. Reißt die Bindung vorher, beginnt das „Tauziehen" von neuem.

**Methodischer Einsatz**

Alle Alters- und Leistungsstufen.

**Ziele**

— Gewöhnung an den rutschigen Untergrund,
— unbewußtes Untertauchen zu Beginn der Wassergewöhnung.

Abb. 199

## Reiterkampf

Je zwei Schüler bilden Pferd und Reiter. Dabei sitzt der Reiter auf dem Rücken (aus Sicherheitsgründen nicht auf den Schultern) des Kameraden. Durch Ziehen oder Schieben versucht jedes Gespann, ein Gespann oder mehrere andere Gespanne aus dem Gleichgewicht zu bringen. Gestürzte Paare dürfen sich jedoch wieder formieren und weiter am Spiel teilnehmen.

**Methodischer Einsatz**

Alle Alters- und Leistungsstufen.

**Ziele**

— Gewöhnung an den rutschigen Untergrund,

— „unfreiwilliges" Tauchen,

— Schulung des Gleichgewichts.

**Variationen**

Ermittlung eines Gesamtsiegers durch Ausscheidungskämpfe nach dem K.-o.-System.

Abb. 200

## „Die Jungen — die Mädchen"

Zwei zahlenmäßig gleichstarke Schülergruppen — wenn es sich um gemischte Gruppen handelt, werden sie durch gleichfarbige Mützen oder Parteibänder kenntlich gemacht — befinden sich im Lehrbecken. Eine Gruppe versucht, die Schüler der anderen zu fangen bzw. abzuschlagen. Wer abgeschlagen ist, muß stehenbleiben und die Hände auf den Kopf nehmen. Nur durch die Berührung eines Mitspielers aus der eigenen Mannschaft kann er „befreit" werden. Sind alle Schüler einer Gruppe abgeschlagen, so wechseln die Gruppen ihre Rollen.

### Methodischer Einsatz

Kinder des vorschulischen Bereichs, der Primar- und Orientierungsstufe.

### Ziele

— Sicheres Bewegen im Wasser,
— Gewöhnung an den Wasserwiderstand,
— Gewöhnung an den rutschigen Untergrund,
— schnelles Reagieren im Wasser.

Abb. 201

## Ballonprellen

Jeder Teilnehmer bekommt einen aufgeblasenen Luftballon oder einen leichten Kunststoffball und versucht, diesen durch Pritschen in der Luft zu halten.

**Methodischer Einsatz**

Zu Beginn der Phase der Wassergewöhnung, aber auch für wassergewöhnte Nichtschwimmer, Halbschwimmer oder Schwimmer.

**Ziele**

— Gewöhnung an den rutschigen Untergrund,
— Gewöhnung an den Wasserwiderstand,
— Ablenkung von der Angst vor dem Wasser,
— erste Kombination Wasser und Ball.

**Variationen**

Pritschen in Zweier-, Dreier- oder Vierergruppen, ohne daß der Ballon (Ball) Kontakt mit der Wasseroberfläche bekommt.

Abb. 202

## Ballhalten

Zwei gleich große Schülergruppen befinden sich, kenntlich gemacht durch unterschiedliche Farben der Badekappen, im Lehrbecken. Jede Gruppe versucht, den Ball durch Fangen, Werfen, Freilaufen oder Spielen in den freien Raum möglichst lange in den eigenen Reihen zu halten.

**Methodischer Einsatz**

Schüler aller Altersstufen.

**Ziele**

— Sicheres Bewegen im Wasser,

— Fangen,

— genaues Werfen,

— Stellungsspiel (Spielverständnis).

Abb. 203

## Ringtennis

Zwei gleich große Schülergruppen nehmen in jeweils einer Hälfte des Lehrbeckens Aufstellung. Über eine Schnur, die etwa einen Meter über dem Wasserspiegel gespannt ist, werfen sie einen Tennisring zur anderen Gruppe. Die Gegenpartei versucht, den Ring zu fangen, bevor er die Wasseroberfläche berührt hat, um ihn ihrerseits zurückzuwerfen. Gelingt das Fangen nicht, wird ein Minuspunkt gegeben.

**Methodischer Einsatz**

Alle Alters- und Leistungsstufen.

**Ziele**

— Gewöhnung an den rutschigen Untergrund,

— Gewöhnung an den Wasserwiderstand,

— geschicktes Bewegen im Wasser,

— Reaktionsschulung,

— mannschaftliches Zusammenspiel,

— Fangen und Werfen eines Ringes.

Abb. 204

## Ball über die Schnur

Die Schüler sind in zwei Gruppen aufgeteilt. Jede befindet sich in einer Hälfte des Lehrbeckens, getrennt durch eine Schnur, die etwa in Reichhöhe der Kinder durch das Lehrbecken gespannt ist. Ein leichter Wasserball wird von Gruppe zu Gruppe über die Schnur geworfen. Er muß von den Schülern gefangen werden, ohne die Wasseroberfläche berührt zu haben. Jede Wasserberührung zählt einen Punkt für die Gegenseite.

**Methodischer Einsatz**

Schüler aller Altersstufen von der Phase der Wassergewöhnung an.

**Ziele**

— Sicheres Bewegen im Wasser,
— sicheres Fangen,
— gezieltes Werfen,
— mannschaftliches Spiel.

Abb. 205

## Wasser-Volleyball

Das Lehrbecken ist durch eine Schnur, die in etwas über Reichhöhe der Schüler gespannt wird, in zwei Hälften geteilt. Zwei Schülergruppen stehen sich gegenüber und versuchen, durch Pritschen

— den Ball in der Luft zu halten,

— den Ball gezielt in das Feld des Gegners zu befördern.

Das Fangen des Balles sowie das Berühren der Wasseroberfläche durch den Ball werden als Fehler gewertet. Als Spielbälle eignen sich in den Primar- und Orientierungsstufen große, leichte und lange schwebende Wasserbälle (Niveabälle), später auch leichte Plastikbälle.

**Methodischer Einsatz**

Schüler aller Altersstufen.

**Ziele**

— Sicheres Bewegen im Wasser,

— sicheres Pritschen des Balles,

— mannschaftliches Spiel.

Abb. 206

## Jägerball

Ein Schüler ist der Jäger. Er versucht, seine Mitschüler mit einem leichten Plastikball abzuwerfen. Jeder Getroffene wird zum Jäger. Mehreren Jägern gelingt es, durch geschicktes Stellungsspiel und durch Zuwerfen in eine günstige Wurfposition zu kommen. Die Gejagten können sich durch Tauchen retten. Der Schüler, der zuletzt noch frei ist, wird zum Jäger für das folgende Spiel.

**Methodischer Einsatz**

In allen Alters- und Leistungsstufen.

**Ziele**

— Reaktionsschulung,

— Gewöhnung an den rutschigen Untergrund,

— Schulung und Festigung des Tauchens,

— mannschaftliches Spiel.

Abb. 207

## Wasserball im Lehrbecken

Zwei gleichstarke Mannschaften stehen sich im Lehrbecken gegenüber. Ein leichter Wasserball soll von den Schülern einer Partei in das Tor der anderen *gelegt* (nicht geworfen) werden. Das Tor ist die Schmalseite des Lehrbeckens. Jeder Schüler, der in Ballbesitz kommt, muß den Ball nach spätestens drei Schritten weitergeben.

Vor Beginn des Spiels stellen sich beide Parteien an ihrer Schmalseite auf. Jeder Schüler berührt mit einer Hand den Beckenrand. Auf Pfiff oder ein anderes Startzeichen laufen beide Mannschaften zur Mitte des Spielfeldes, wohin der Lehrer den Ball geworfen hat.

Nach jedem Tor macht ein Spieler Abwurf von seiner Seite. Fliegt der Ball aus dem Lehrbecken, gibt es Einwurf für die gegnerische Partei, ebenso, wenn der Ball ins Tor *geworfen* wird.

Freistoßregeln wegen Foulspiels kann der Lehrer je nach Alter und Zusammensetzung der Gruppe vor dem Spiel mit den Schülern absprechen.

### Methodischer Einsatz

Bei Kindern, Schülern und Jugendlichen aller Alters-, Leistungs- und Entwicklungsstufen von der Vorschule an.

### Ziele

— Sicherheit und Wendigkeit im Wasser,
— Schulung des Werfens und Fangens,
— Schulung des Mannschaftsspiels (Freilaufen, Täuschen, Abschirmen des eigenen Tores usw.),
— Allgemeinkräftigung,
— gemeinsames Spiel mehrerer Leistungsgruppen (Halb- und Nichtschwimmer, Schwimmer).

Abb. 208

## Haschen

Alle Mitspieler bewegen sich im Lehrbecken. Die Bewegungsart ist freigestellt. Ein Fänger versucht, seine Kameraden abzuschlagen. Jeder Abgeschlagene wird automatisch zum Fänger, damit bis zum Schluß des Spiels alle Schüler in Bewegung sind. Der Schüler, der zuletzt noch frei ist, wird zum Fänger für das nächste Spiel.

**Methodischer Einsatz**

Anfangsphase der Wassergewöhnung im vorschulischen und Primarbereich.

**Ziele**

— Sicheres Bewegen im Wasser,

— Schulung zügiger Bewegungen,

— Umgehen mit dem Wasserwiderstand,

— Wendigkeit im Wasser,

— Gewöhnung an den rutschigen Beckenboden.

Abb. 209

## Delphin-Haschen

Alle Mitspieler bewegen sich nur mit Delphinsprüngen vorwärts. Ein Spieler beginnt als Fänger. Jeder von ihm abgeschlagene Mitspieler wird auch zum Fänger, damit bis zum Schluß des Spiels alle Kinder in Bewegung sind. Der Schüler, der als letzter noch frei ist, wird zum neuen Fänger.

**Methodischer Einsatz**

In der zweiten Hälfte der Wassergewöhnung bei Halbschwimmern und noch nicht sicheren Schwimmern des Primarbereichs und in der Orientierungsstufe.

**Ziele**

- Sicherung der Tauchübungen,
- Festigung des Atmens in der Bewegung,
- Abbau des Stellar-Reflexes,
- Schulung des Gleitens unter Wasser,
- Verbesserung der Orientierung unter Wasser,
- Schulung der Wassergewandtheit,
- erste Vorübungen für das Delphinschwimmen.

Abb. 210

## Tauch-Haschen

Alle Spieler bewegen sich frei im Lehrbecken. Ein Fänger versucht, seine Mitspieler abzuschlagen, muß aber von ihnen ablassen, wenn sie vor dem Abschlag tauchen. Jeder Abgeschlagene wird automatisch zum Fänger. Derjenige, der zuletzt übrigbleibt, wird zum Fänger für das nächste Spiel.

**Methodischer Einsatz**

In der Wassergewöhnung mit Kindern des Elementar- und Primarbereichs, auch noch in der Orientierungsstufe.

**Ziele**

— Wendigkeit im Wasser,
— Festigung und Sicherheit beim Tauchen.

Abb. 211

## „Fischefangen"

Vier Schüler bilden durch Handfassung eine Kette. Sie versuchen, einen oder mehrere Mitschüler, die sich frei im Lehrbecken bewegen dürfen, dadurch zu fangen, daß sie ihn (sie) in ihrer Mitte einschließen. Der Gefangene schließt sich dann den Fischern an. Besteht die Kette aus acht oder mehr Gliedern, können die Fischer zwei Gruppen bilden. Die „Fische" können versuchen, mit Tauchen durch die Maschen des Netzes zu schlüpfen. Die Fischer werden dies jedoch zu verhindern suchen, indem sie dichter zusammenrücken oder die Lücken mit den Armen schließen. Das Zerschlagen der Kette ist nicht erlaubt.

**Methodischer Einsatz**

In allen Phasen der Wassergewöhnung bei Kindern und Schülern bis zur Orientierungsstufe.

**Ziele**

— Sicheres Gehen und Laufen im Wasser,

— Festigung des Tauchens,

— Gewöhnung an den Wasserwiderstand.

Abb. 212

## „Schattenlaufen"

Die Schüler bewegen sich immer paarweise im Lehrbecken. Ein Partner bewegt sich frei laufend, gehend, mit Delphinsprüngen, hüpfend, vor- und rückwärts, plötzlich links oder rechts drehend, mit oder ohne Armbewegungen im Lehrbecken. Sein Mitspieler muß so reagieren, daß er möglichst sofort die Bewegung seines Partners erkennt und sie nachmacht. Nach einiger Zeit ist Partnerwechsel.

**Methodischer Einsatz**

In allen Altersstufen und in allen Phasen der Wassergewöhnung. Das Spiel kann auch mit Schwimmern im Tiefwasser ausgeführt werden.

**Ziele**

— Erwärmung,

— geschicktes Bewegen im flachen Wasser,

— Reaktionsschulung,

— Festigen vorher eingeführter Bewegungsformen.

Abb. 213

## Staffeln im Lehrbecken

Verschiedene Staffelformen in hüft- bis brusttiefem Wasser. Wegen der Übungsintensität sollten zu jeder Gruppe nicht mehr als fünf bis sechs Schüler gehören.

— Laufen vorwärts mit und ohne Armtätigkeit,
— Laufen rückwärts mit und ohne Armtätigkeit,
— Schlußsprünge (Schwebesprünge),
— Delphinsprünge,
— Abstoß und Gleiten,
— Abstoß — Gleiten — Rolle vorwärts,
— Delphinsprünge rückwärts,
— Laufen seitwärts,
— Hinken.

**Methodischer Einsatz**

Während der gesamten Wassergewöhnung, bei Halbschwimmern und ungeübten Schwimmern.

**Ziele**

— Umgehen mit dem Wasserwiderstand,
— Erarbeiten zügiger Bewegungen,
— sicheres Bewegen im Wasser,
— Festigen der Tauchübungen,
— Erarbeiten von Staffelformen,
— bei ängstlichen Kindern: Ablenken von der Angst vor dem Wasser durch Wettkampfformen.

Abb. 214

## „Torpedo"

Vier bzw. sechs Schüler stehen sich paarweise gegenüber. Der Rest der Schüler steht in einer Reihe der Gasse zugewandt. Ein Mitspieler aus der Restgruppe hechtet in Richtung auf das erste Helferpaar, gleitet und wird zum zweiten weitergezogen und -geschoben, dann zum dritten. Ablösung der Paare, wenn alle Übenden wie Torpedos durch die Gasse geglitten sind.

### Methodischer Einsatz

Bei wassergewöhnten Nichtschwimmern, Halbschwimmern und Schwimmern aller Altersstufen.

### Ziele

— Steigerung der Wassersicherheit,

— Schulung des Gleitens,

— Schulung des Tauchens.

### Sicherheitshinweis

Freie Bahn für das Ausgleiten des Übenden hinter dem letzten Partnerpaar (keine Wand, Treppe oder anderen Schüler)!

Abb. 215

## Tauchstaffel

Zwei oder mehr Schülergruppen mit vier bis sechs Kindern stehen mit seitgegrätschten Beinen hintereinander. Der Abstand zwischen den Schülern beträgt etwa 2 m. Mit Delphinsprüngen versuchen die Mitspieler, durch deren Beine hindurchzutauchen. Anschließend stellen auch sie sich mit gegrätschten Beinen auf, damit die folgenden Schüler tauchen können. Sieger ist die Mannschaft, die als erste wieder in der ursprünglichen Reihenfolge steht.

**Methodischer Einsatz**

Alle Altersstufen, die in der Wassergewöhnung mindestens so weit fortgeschritten sind, daß sie die Delphinsprünge beherrschen.

**Ziele**

— Festigen des Tauchens,

— Schulung des Gleitens,

— Schulung des regelmäßigen Ein- und Ausatmens in der Bewegung,

— Abbau des Stellar-Reflexes.

**Variationen**

Zwei, drei oder vier Schüler stellen sich mit gegrätschten Beinen dicht zusammen (siehe „Tunneltauchen").

Abb. 216

## „Tunneltauchen"

Je nach Leistungsvermögen stehen zwei bis fünf Kinder mit seitgegrätschten Beinen hintereinander. Nach einem Delphinsprung tauchen die anderen Schüler durch diesen „Tunnel". Dabei dürfen sie den Kraulbeinschlag ausführen oder sich an den Beinen der stehenden Partner weiterziehen.

**Methodischer Einsatz**

Wassergewöhnte Kinder oder Halbschwimmer, als spielerische Auflockerung auch bei Schwimmern.

**Ziele**

— Sicherheit beim Tauchen,

— Orientierung unter Wasser,

— Überwinden des Stellar-Reflexes,

— Verbesserung der Gleitfähigkeit,

— Gewöhnung an den Aufenthalt unter Wasser mit wenig Atemluft.

Abb. 217

## Hangeltauchen

Zwei bis vier Schüler stehen mit seitgegrätschten Beinen neben- oder seitlich versetzt hintereinander. Die anderen Schüler hangeln sich nach einem Delphinsprung von einem Partner zum anderen oder auch zwischen deren Beinen durch.

**Methodischer Einsatz**

Bei Halbschwimmern, wassergewöhnten Nichtschwimmern, zur spielerischen Auflockerung auch bei Schwimmern.

**Ziele**

— Sicherheit beim Tauchen,
— Orientierung unter Wasser,
— Überwinden des Stellar-Reflexes,
— Verbesserung der Wendigkeit im Wasser,
— Gewöhnung an den Aufenthalt unter Wasser mit wenig Atemluft.

Abb. 218

## „Wasserstrudel"

Alle Kinder gehen im Lehrbecken in einer Richtung möglichst dicht an der Wand entlang. Sie bemühen sich, möglichst schnell zu gehen und bringen das Wasser des Lehrbeckens in eine Kreiselbewegung. Das Wasser bekommt eine Strömung, und diese ist ein idealer Tummelplatz für die Kinder:
- Mit der Strömung können sie schnell laufen,
- ohne Eigenbewegung schießen sie wie ein Hecht durch das Wasser,
- bei Schwimmversuchen haben sie einen nie gekannten Vortrieb,
- nach Delphinsprüngen tauchen sie unter Wasser schnell dahin,
- gegen die Strömung können sie sich kaum fortbewegen.

**Methodischer Einsatz**

In der Wassergewöhnung, bei Halbschwimmern und Schwimmern im gesamten Schülerbereich.

**Ziele**

- Erfolgserlebnisse beim Gleiten und Schwimmen,
- Umgang mit neuen Situationen im Wasser und dadurch Ausweitung des Erfahrungsschatzes,
- Sicherheit im Wasser,
- Umgehen mit dem Wasserwiderstand.

Abb. 219

## „Wellengang"

Alle Schüler befinden sich auf einer Seite des Lehrbeckens und halten sich an der Überlaufrinne fest. Im gleichen Takt ziehen sie sich abwechselnd an die Beckenwand und drücken sich wieder von ihr ab. Dadurch entstehen prächtige Wellen, in denen es sich herrlich spielen läßt.

**Methodischer Einsatz**

In der Wassergewöhnung von der Vorschule bis zur Orientierungsstufe.

**Ziele**

— Erfahren des Wasserwiderstandes,

— Gewöhnung an besondere Situationen, die durch den Wellengang hervorgerufen werden,

— Erhöhung der Sicherheit im Wasser.

Abb. 220

## Hechtprellen

Mindestens fünf Schülerpaare stehen sich mit Handfassung gegenüber, der Rest der Kinder steht in einer Reihe dem ersten Paar zugewandt. Der erste dieser Reihe hechtet sich in die Arme der Helferpaare, wird weitergeprellt und landet mit einem kühnen Schwung hinter dem letzten Paar im brusttiefen Wasser. Dann hechtet der nächste Schüler. Partnerwechsel, nachdem alle geübt haben.

### Methodischer Einsatz

Wassergewöhnte Nichtschwimmer, Halbschwimmer und Schwimmer aller Altersstufen.

### Ziele

— Steigerung der Wassersicherheit,

— Schulung des Tauchens,

— Schulung des Eingleitens ins Wasser.

### Sicherheitshinweis

Gleichmäßiges Prellen!

Nicht zu hoch prellen!

Abb. 221

## Völkerball

Das Lehrbecken ist durch eine Schnur, die an der Wasseroberfläche gespannt wird, in zwei Hälften geteilt. Zwei Schülergruppen versuchen, sich mit einem leichten Plastikball gegenseitig abzuwerfen. Die getroffenen Schüler bleiben jedoch in der Mannschaft und spielen weiter mit. Gewertet wird nach Punkten:

— Ein Punkt für jeden Treffer,
— ein Punkt für jedes Fangen des Balles.

**Methodischer Einsatz**

Schüler aller Altersgruppen in allen Phasen der Anfängerschulung.

**Ziele**

— Sicheres Bewegen im Wasser,
— Reaktionsverbesserung,
— Verbesserung des Tauchens,
— Schulung des gezielten Werfens,
— Schulung des Fangens.
— mannschaftliches Zusammenspiel.

**Variationen**

Eine Mannschaft befindet sich im Lehrbecken, die andere verteilt um diese herum. Letztere versucht, mit mehreren Bällen Punkte durch Abwerfen zu sammeln, die andere weicht den Bällen geschickt aus (z. B. durch Tauchen oder Delphinsprünge) oder sammelt selbst durch Fangen Punkte.

Abb. 222

## Tauchball

Zwei gleich große Mannschaften versuchen, einen Ball unter Wasser zur Seite des Gegners zu transportieren. Ein Spielpunkt ist zu gewinnen, wenn der Ball unter Wasser die Beckenwand berührt hat.

**Methodischer Einsatz**

Schüler aller Altersgruppen, die wassergewöhnt sind, auch Halbschwimmer und Schwimmer.

**Ziele**

— Mannschaftliches Spiel,
— Wassersicherheit.

Abb. 223

## „Fischer, Fischer, wie tief ist das Wasser?"

Ein Schüler ist der Fänger und steht an einer Schmalseite des Lehrbeckens. Alle anderen stehen ihm gegenüber auf der anderen Seite. Das Spiel wird durch folgenden Dialog eingeleitet:

Schüler: „Fischer, Fischer, wie tief ist das Wasser?"
Fänger: (antwortet mit einer beliebigen Zahl, z. B.:) „Vier Meter!"
Schüler: „Wie kommen wir 'rüber?"
Fänger: „Mit Delphinsprüngen!"

Auf diese Weise können alle Fortbewegungstechniken im Wasser geübt werden, denn Fänger und Schüler bewegen sich stets nach Weisung des Fängers zur gegenüberliegenden Seite des Beckens. Der Fänger versucht, möglichst viele Mitschüler abzuschlagen, die dann auch zu Fängern werden. Der letzte freie Schüler wird zum Fänger des nächsten Spiels bestimmt.

**Methodischer Einsatz**

Alle Alters- und Leistungsstufen bis einschließlich Orientierungsstufe. Das Spiel ist auch im Tiefwasser mit Schwimmern möglich.

**Ziele**

— Festigen des im Unterricht eingeführten Unterrichtsstoffes,
— Schulung der Reaktion im Wasser,
— Schulung der Wassergewandtheit.

**Möglichkeiten**

— Gehen vor- und rückwärts,
— Hüpfen vor- und rückwärts,
— Laufen vor- und rückwärts,
— Delphinsprünge,
— Hinken vor- und rückwärts,
— alle Schwimmtechniken, auch Teiltechniken.

Abb. 224

# Leistungstests und Schwimmabzeichen

**5**

# Leistungstests

Manchmal erweist es sich als notwendig, die Leistungen der Schüler zu überprüfen. Besonders bei größeren Schülergruppen braucht der Lehrer Tests, um sicher zu sein, daß alle Kinder die geforderten Leistungen erfüllen. Dazu bieten sich in den einzelnen Bereichen der Wassergewöhnung bestimmte Übungen an.

## Auftrieb

Hockschwebe *(Abb. 225)*.                                  Seestern in Rückenlage *(Abb. 226)*.

Abb. 225

Abb. 226

## Tauchen

Sitz auf dem Beckenboden nach tiefem Ausatmen *(Abb. 227)*.

Abb. 227

„Toter Mann", Ausatmen und Absenken auf den Beckenboden *(Abb. 228)*.

Abb. 228

## Öffnen der Augen

Partnerübung: Fingerzählen *(Abb. 229)*.

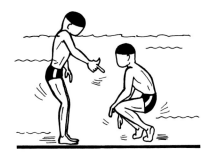

Abb. 229

Slalomtauchen *(Abb. 230 a)*.

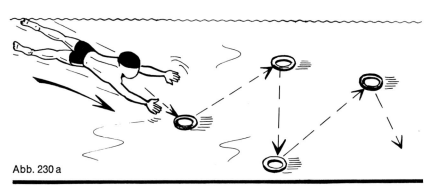

Abb. 230 a

Hangeltauchen *(Abb. 230 b)*

Abb. 230 b

**Überwinden des Stellar-Reflexes**

Rolle vorwärts *(Abb. 231)*.

Abb. 231

Delphinsprünge *(Abb. 232)*.

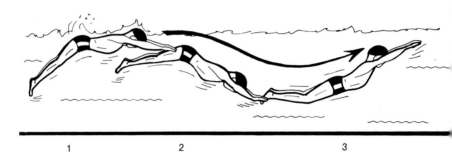

1  2  3

Abb. 232

**Atemübungen**

Zwerg und Riese *(Abb. 233)*.
15mal im Wechsel mit regelmäßiger Ausatmung ins Wasser.

Abb. 233

Delphinsprünge *(Abb. 234).*
15mal mit regelmäßiger Ausatmung ins Wasser.

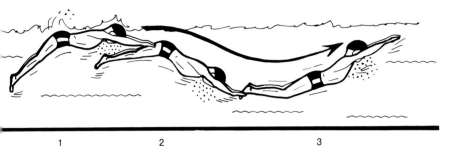

Abb. 234

## Sprünge ins Lehrbecken

Schrittsprung vorwärts ohne Hilfe mit sicherer Landung und Untertauchen des Körpers *(Abb. 235).*

Schrittsprung mit ganzer Drehung um die Längenachse *(Abb. 236).*

**Gleiten in Brustlage**

Abstoß, dann Gleiten über die dreifache Körperlänge *(Abb. 237)*.

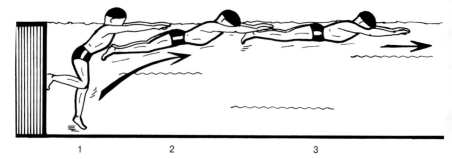

Abb. 237

Absprung von der Treppe — Eingleiten ins Wasser — Ausgleiten an die Wasseroberfläche *(Abb. 238)*.

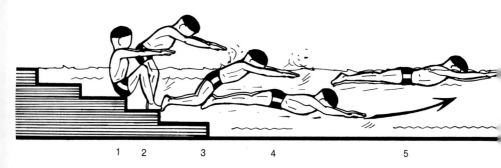

Abb. 238

**Gleiten in Rückenlage**

Abstoß, dann Gleiten über die dreifache Körperlänge *(Abb. 239)*.

Abb. 239

Delphinsprung rückwärts, dann Ausgleiten an die Oberfläche *(Abb. 240)*.

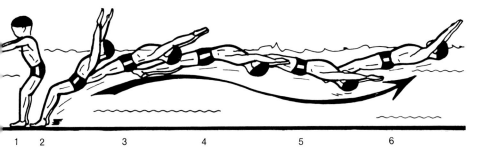

Abb. 240

**Bewegungsfertigkeiten**

Handstand *(Abb. 241)*.

Abb. 241

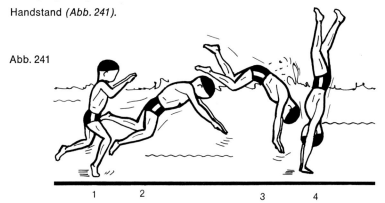

Rolle rückwärts *(Abb. 242)*.

Abb. 242

Abstoß — Gleiten — Rolle vorwärts in den Stand *(Abb. 243)*.

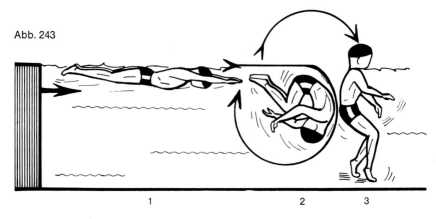

Abb. 243

„Hubschrauber" — Strecken in die Brust- und Rückenlage im Wechsel *(Abb. 244)*.

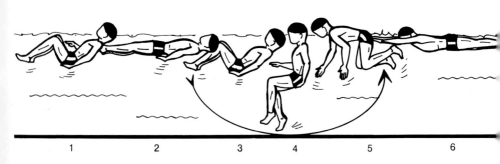

Abb. 244

# Schwimmabzeichen

### Frühschwimmerabzeichen

Mit Abschluß des Anfängerlehrgangs sollten sich die Schwimmschüler der Schwimmprüfung *Frühschwimmer* („Seepferdchen") unterziehen.

Die Bedingungen sind:

Sprung vom Beckenrand und 25 m Schwimmen.

Heraufholen eines Gegenstandes mit den Händen aus schultertiefem Wasser.

Für das erfolgreiche Ablegen der Prüfung wird eine Urkunde verliehen *(Abb. 245).*

Abb. 245

### Anfängerzeugnis für Erwachsene

50-m-Schwimmen ohne Zeitbegrenzung.

Heraufholen eines Gegenstandes mit den Händen aus schultertiefem Wasser oder Durchtauchen der gegrätschten Beine eines Partners.

Abb. 245 a

Als Fernziel locken die *Deutschen Jugendschwimmabzeichen Bronze, Silber, Gold im Deutschen Jugendschwimmpaß,* und die *Deutschen Schwimmabzeichen Bronze, Silber, Gold im Deutschen Schwimmpaß (Abb. 245 a).*

Die Bedingungen für das deutsche Jugendschwimmabzeichen Bronze sind:

Sprung vom Beckenrand und 200 m Schwimmen (beliebig) in höchstens 15 Minuten *).

Einmal ca. 2 m Tieftauchen von der Wasseroberfläche mit Heraufholen eines Gegenstandes.

Sprung aus 1 m Höhe oder Startsprung.

Kenntnis von Baderegeln.

---

*) In Badestätten, die keine genormten Schwimmbahnen anbieten, kann ein 15-Minuten-Dauerschwimmen abgenommen werden. Altersdifferenzierung: Kinder bis 5 Jahre: 12 Minuten. Kinder von 5 bis 6 Jahren: 10 Minuten. Kinder ab 6 Jahre: 8 Minuten.

# Sicherheit und Gesundheit

**6**

## Rechtliche Grundlagen

Für jeden Lehrer, Übungsleiter oder Trainer besteht die moralische und gesetzliche Pflicht, alle Sorgfalt walten zu lassen, um Gefahren zu mindern und Unfälle zu verhüten. Diese gesetzliche Verpflichtung stützt sich

1. allgemein auf den § 839 BGB, in dem die Fahrlässigkeit als Außerachtlassen der im Zusammenleben der Menschen erforderlichen Sorgfalt definiert ist und
2. speziell in bezug auf Baden und Schwimmen auf besondere Erlasse der Kultusminister:

    — Erlasse über das Baden mit Schülern.

    — Erlasse über das Baden auf Wanderungen.

    — Erlasse über das Verhalten beim Baden.

    — Erlasse über das Baden mit Kinder- und Jugendgruppen.

Diese Erlasse enthalten detaillierte Forderungen und Hinweise an Lehrer, Schüler und örtliche Verhältnisse, die der Gruppenleiter einhalten muß, wenn er sich nicht dem Vorwurf der Fahrlässigkeit oder gar der groben Fahrlässigkeit aussetzen will. Im Falle eines Badeunglücks oder Unfalls zieht nachweisbare Fahrlässigkeit zivilrechtliche, grobe Fahrlässigkeit auch strafrechtliche Maßregelungen nach sich. Die Inhalte der Erlasse sind wiedergegeben, gegliedert nach Forderungen an den Lehrer oder Übungsleiter, den Schüler und an die Beschaffenheit der Badestelle.

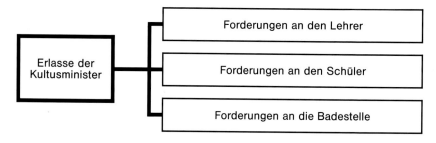

## Forderungen an den Lehrer

— Der Lehrer muß die Schwimmlehrbefähigung besitzen, der leitende Übungsleiter Lizenzinhaber sein. Er ist verpflichtet, alle mit ihm arbeitenden Helfer auf Unfallmöglichkeiten hinzuweisen.

— Die Entscheidung über Ort und Zeit des Badens unterliegt allein der Beurteilung durch den Lehrer. Ratschläge und Warnungen von Ortskundigen muß er bei seiner Entscheidung berücksichtigen, vor allem außerhalb geschlossener Badeanstalten. Hinweise und Verbotstafeln der Behörden sind stets zu beachten. Das gilt auch für bekanntgemachte Badezeiten, besonders an Badestellen mit Gezeitenunterschieden.

— Der Übungsleiter ist allein voll verantwortlich für die Gesundheit und Sicherheit der ihm anvertrauten Kinder, auch wenn in Badeanstalten angestelltes Aufsichtspersonal vorhanden ist.

- Der Lehrer muß sämtliche Kinder während des Badens beobachten können.
- Aus methodischen Gründen und aus Gründen schneller Hilfeleistung soll der Lehrer im Anfängerunterricht im Wasser sein.
- Der Lehrer muß wissen, welche Rettungsgeräte vorhanden sind, wo sie sich befinden und ob sie einsatzbereit sind. (In geschlossenen Bädern mit Schwimmmeister darf die Einsatzbereitschaft als gegeben vorausgesetzt werden.) Er soll mit der Bedienung der Rettungsgeräte vertraut sein.
- Lehrer oder Übungsleiter müssen darauf achten, daß Badestelle und Schülergruppe überschaubar sind. Überfüllte Bäder sind zu meiden. Die Schüler werden in Leistungsgruppen (nicht über 15) eingeteilt. Jede Gruppe wird von einem Lehrer unterrichtet. Sollten nicht genügend Lehrer vorhanden sein, müssen die Gruppen — sicher auf Kosten der Übungsintensität und des Erfolges — nacheinander üben. Außerhalb geschlossener Badeanstalten darf der Lehrer nicht mehr als zehn Kinder gleichzeitig beaufsichtigen oder unterrichten. Wo es die örtlichen Verhältnisse erfordern — Wellengang, Gezeiten, Strömungen usw. — ist die Gruppenstärke auf fünf bis sieben Schüler zu verringern. Nichtschwimmer sind vom Tiefwasser fernzuhalten.
- Das Bad darf von den Schülern erst betreten werden, wenn der Gruppenleiter die Erlaubnis dazu gibt. Vor dem Betreten des Bades und nach dem Verlassen ist die Vollzähligkeit zu prüfen.
- Der Gruppenleiter muß die Schüler über das Verhalten im Bad belehren (Badeordnung), er soll die Schüler mit den allgemeinen Baderegeln vertraut machen und akustische sowie optische Signale vereinbaren, nach denen alle im Falle der Gefahr sofort das Wasser verlassen.
- Der Gruppenleiter muß die Telefonnummer des nächsten Arztes sowie den Standort des nächsten Telefons kennen.

## Forderungen an den Schüler

- Vor Beginn des Schwimmunterrichts soll eine ärztliche Untersuchung aller Kinder gefordert werden.
- Disziplin und Rücksichtnahme sind im Schwimmbad äußerst wichtig. Nichtschwimmer dürfen die Begrenzung des Nichtschwimmerteils nur aus methodischen Überlegungen und unter Aufsicht des Übungsleiters verlassen.
- Jedes mutwillige Untertauchen anderer, jedes Ins-Wasser-Stoßen muß unterbleiben.
- Das Springen vom Beckenrand zwischen schwimmende Mitschüler oder Badegäste ist äußerst gefährlich und deshalb zu unterlassen.
- Kopfsprünge ins Lehrbecken sind grundsätzlich verboten, desgleichen Kopfsprünge mit angelegten Armen.
- Das Laufen in Hallenbädern ist wegen der Rutschgefahr verboten.
- Schüler, die Unfug treiben und den Anordnungen des Übungsleiters nicht folgen, müssen vom Unterricht im Wasser ausgeschlossen werden. Sie bleiben jedoch während ihres weiteren Aufenthaltes im Bad unter Aufsicht.

## Forderungen an die Beschaffenheit der Badestelle

- Das Baden in der Nähe von Wehren, Wasserfällen, Schleusen und Buhnen ist verboten.
- Vor dem Baden muß sich der Lehrer überzeugen, daß der Badeplatz keine gefährlichen Stellen aufweist. In Gewässern mit wechselnden Untergrundverhältnissen muß die Badestelle vor dem Baden abgeschritten evtl. auch abgetaucht werden.
- Der für Nichtschwimmer freigegebene Teil muß klar markiert sein. Fehlt eine solche Abgrenzung, so dürfen Nichtschwimmer nur unter besonderen Vorsichtsmaßnahmen baden (brusttiefes Wasser).
- Die Wassertiefe für alle Schwimm- und Tauchprüfungen soll die Körperlänge der Schüler überschreiten.

## Baden in der See

- Es darf grundsätzlich nur bei auflaufendem Wasser gebadet werden.
- Vereins- und Schulgruppen dürfen an der See nur an Strandabschnitten baden, die von Rettungsschwimmern überwacht werden.

  Das Baden in der Nähe von Buhnen ist ausdrücklich verboten.
- Das witterungsbedingte Badeverbot, das durch Sturmbälle angezeigt wird, gilt als unbedingtes Badeverbot für alle Gruppen.

## Häufige Unfälle beim Baden und Schwimmen

Wegen der Häufigkeit schwerer Unfälle, zum Teil sogar mit tödlichem Ausgang, wurden in verschiedenen Erlassen strenge Verhaltensnormen gesetzt, die von Zeit zu Zeit dem neuesten Erfahrungsstand angepaßt werden.

Im Alltag hat es der Lehrer häufig mit kleineren oder mittleren Unfällen zu tun, deren Ursache Unachtsamkeit, Mutwilligkeit, Mangel an Disziplin usw. sind. So gibt es bestimmte Kategorien von Unfällen, die gehäuft auftreten.

Die Pflicht des Lehrers, des Gruppen- oder Übungsleiters ist es, die Zahl dieser Unfälle möglichst klein zu halten. Das geht jedoch nur über das Wissen um die Ursachen solcher Unfälle und eine darauf abgestellte Aufsicht.

Die gesetzliche Schülerunfallversicherung sagt hier: „Zwei Fakten sind im wesentlichen für die Aufsichtspflicht bestimmend:

1. Die Erziehung und Unterrichtung von Minderjährigen, die schon von ihrem Alter her einer besonderen Beaufsichtigung bedürfen,
2. die große Zahl der Minderjährigen in der Gruppe, bei der eine ordnungsgemäße Beaufsichtigung unverzichtbar ist."

An anderer Stelle sagt sie weiter: „Sinn und Zweck der Beaufsichtigung ist es, sowohl den Schüler selbst vor Schaden zu bewahren als auch Dritte vor Schäden durch die Minderjährigen zu schützen."

Zur Information für Lehrer und Übungsleiter haben wir die Hauptunfallursachen zusammengestellt und auf mögliche Verletzungsfolgen hingewiesen. Alle Unfälle sind in der Praxis vorgekommen und als Schul- bzw. Vereinsunfälle gemeldet.

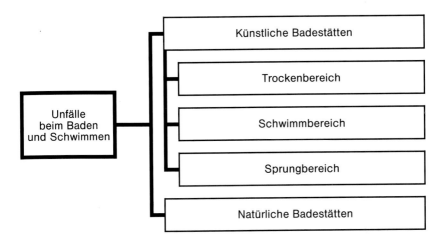

**Künstliche Badestätten**

*Trockenbereich*

| Fehlverhalten | Unfall | Mögliche Folgen |
|---|---|---|
| Laufen, Herumtollen, Unachtsamkeiten auf nassen Fliesen. | Sturz nach dem Ausrutschen; | Prellungen, Platzwunden, Brüche; |
| Mutwilliges Hineinstoßen anderer Badegäste vom Beckenrand ins Wasser. | Aufprall auf die Beckenkante, lebensgefährliche Situation. | Prellungen, Platzwunden, Gefahr des Ertrinkens bei Nichtschwimmern. |

*Schwimmbereich*

| Fehlverhalten | Unfall | Mögliche Folgen |
|---|---|---|
| Mutwilliges Tauchen anderer Badegäste. | Lebensgefährliche Situation. | Angstzustände, Schock bei unsicheren Schwimmern. |
| Kauen von Kaugummi beim Baden. | Versperren der Atemwege. | Ersticken. |
| Tauchversuche im öffentlichen Badebetrieb. | Tritte durch andere Badegäste. | Trommelfellverletzungen, Kopfverletzungen. |
| Streckentauchen oder Tieftauchen, bevor das Öffnen der Augen unter Wasser beherrscht wird. | Aufprall auf den Boden oder auf die Beckenwand. | Platzwunden, Zahnverletzungen, Gehirnerschütterung. |

| Fehlverhalten | Unfall | Mögliche Folgen |
|---|---|---|
| Tragen von Uhren oder großen Ringen. | Verletzungsgefahr für andere Badegäste. | Rißwunden. |
| Tragen von Ketten oder Bändern am Hals! | Verletzungen durch andere Schwimmer, die dahinterhaken. | Einschnürungen am Hals. |

*Sprungbereich*

| Fehlverhalten | Unfall | Mögliche Folgen |
|---|---|---|
| Fußsprünge rückwärts ins Lehrbecken bei ungeübten Schwimmern. | Aufprall auf die Beckenkante. | Platzwunden, Zahnverletzungen. |
| Kopfsprünge ins Lehrbecken. | Aufprall auf den Beckenboden. | Platzwunden, Zahnverletzungen, Gehirnerschütterung, Wirbelverletzungen. |
| Gleichzeitige Sprünge zweier Schwimmer von zwei aneinandergrenzenden Beckenkanten. | Zusammenprall. | Prellungen, Platzwunden, Augenverletzungen. |

**Natürliche Badestätten**

| Fehlverhalten | Unfall | Mögliche Folgen |
|---|---|---|
| Kopfsprünge ins flache Wasser. | Aufprall auf den Boden. | Platzwunden, Zahnverletzungen, Nasenbeinbruch, Wirbelverletzungen, Gehirnerschütterung, Querschnittlähmung, Tod. |
| Liegenlassen von Scherben (Glas, Porzellan), desgl. Treten auf Muscheln und scharfkantige Steine. | | Schnittverletzungen. |
| Baden kurz nach einer Hauptmahlzeit! | Lebensgefährliche Situation im Tiefwasser. | Übelkeit, Erbrechen. |
| Sprünge in überhitztem Zustand ins kalte Wasser! | Lebensgefährliche Situation. | Schockähnliche Zustände. |
| Falsches Anwenden von Schwimmhilfen (Luftmatratzen, Schwimmringe, Gummitiere mit Defekten). | Lebensgefährliche Situation, wenn Strömungen die Schwimmer hinaustreiben, oder wenn die Hilfen durch Defekte die Luft verlieren. | Unterkühlung, Tod durch Ertrinken. |

# Unfallverhütung durch Sicherheitserziehung

Nachdem wir die Hauptursachen für die Unfälle mit Körperschäden aufgezählt haben, die sicherlich aus der Sicht erfahrener Schwimmlehrer noch weiter ergänzt werden können, steht für Lehrer und Übungsleiter die Forderung im Raum, durch didaktische und methodische Maßnahmen solchen Unfällen entgegenzuwirken. Das muß jedoch rechtzeitig geschehen.

In der Ausgabe „Unfallverhütung und Sicherheitserziehung im Schwimmen" aus der Reihe „Curriculum" der Bundesarbeitsgemeinschaft der Unfallversicherungsträger der öffentlichen Hand (BAGUV) werden fünf Punkte genannt, die im Rahmen der Sicherheitserziehung von jedem Lehrer in den Schwimmunterricht einbezogen werden sollen:

1. Wecken des Gefahrenbewußtseins.
2. Schulen einer verantwortungsbewußten Beobachtungsfähigkeit.
3. Überzeugen der Schüler vom Wert der Unfallmaßnahmen.
4. Erziehen zum kontrollierten und angemessenen Verhalten im Wasser bzw. in der jeweiligen Schwimmstätte.
5. Anregen zum Mitdenken und zum Übernehmen von Verantwortung.

Diese Erziehung zur Unfallverhütung beim Schwimmen ist ein schwieriges und langwieriges Unternehmen, wenn man bedenkt, daß heute der Anfängerschwimmunterricht vielfach schon in der Vorschule und im Kindergarten begonnen wird. Sie darf deshalb keine einmalige Handlung sein, auch nicht sporadisch an eine Schwimmstunde angehängt werden, sondern ist vielmehr integrierter Bestandteil jeder Schwimmstunde. Möglichkeiten dazu bieten sich an durch

— Hinweise auf bestimmte Verhaltensweisen beim Schwimmen,

— Helfen und Sichern bei Partnerübungen,

— Hinweise auf mögliche Gefahren bei bestimmten Übungssituationen,

— Vermitteln eines bestimmten Erfahrungsschatzes im und mit dem Wasser,

— Erweitern des Erfahrungsbereiches der Kinder im Elementar- und Primarbereich durch bewußtes Erkunden und Abgehen des neuen Übungs- und Spielplatzes,

— Beobachten anderer Mitschüler beim Üben,

— Vermitteln einer guten Kenntnis der physikalischen Eigenschaften des Wassers (Glätte in Verbindung mit Fliesen, Druck oder Sog bei Wellen, Kälte, Wasserdruck und -widerstand.

# Vorbeugende Maßnahmen gegen Unfälle

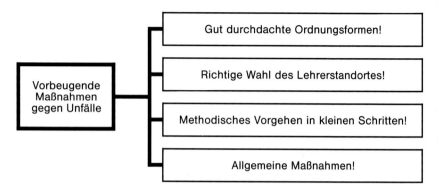

**Gut durchdachte Ordnungsformen**
- Streckentauchübungen dürfen nicht durch Querverkehr gestört werden!
- Der Sammelpunkt einer springenden Kindergruppe ist immer hinter dem Sprungbrett und nicht auf dem Brett oder an der Ausstiegsleiter!
- Jeder Sprung wird durch akustische oder visuelle Zeichen freigegeben!
- Übungen des Gleitens oder der Delphinsprünge im Lehrbecken werden immer nur in einer Richtung durchgeführt!
- Niemals Gegenverkehr beim Schwimmen, sondern Übungen am „laufenden Band" (in der „Schlaufe")!
- Verabredung bestimmter akustischer Zeichen, bei denen die Kinder ihre Aufmerksamkeit sofort dem Lehrer zuwenden!
- Jeder Schüler, der das Wasser verläßt, muß sich beim Übungsleiter abmelden!
- Einteilung in Leistungsgruppen mit unterschiedlicher Aufgabenstellung; denn auch unterforderte Kinder können aus Langeweile zum Risikofaktor werden!

**Die richtige Wahl des Lehrerstandortes**
- Der Lehrer oder Übungsleiter steht so, daß er die ganze Gruppe überblicken kann!
- Er steht von den entferntesten Schülern links und rechts etwa gleichweit entfernt!
- Beim Anfängerunterricht befindet er sich selbst mit im Lehrbecken! Besonders ängstliche und kleine Kinder sind dann stets in seiner unmittelbaren Nähe!
- Der Lehrer geht mit der Gruppe ins Bad und verläßt als letzter die Übungsstätte!

**Methodisches Vorgehen in kleinen und kleinsten Schritten**
- Tief- und Streckentauchen erst, nachdem das Öffnen der Augen unter Wasser beherrscht wird!
- Rückwärtssprünge erst nach sicherem Beherrschen der Vorwärtssprünge (Absprung – Flugphase – Landung – Stand)!

- Kopf- und Startsprünge erst nach der Überwindung des Stellarreflexes (Nackenhaltung des Kopfes)!

**Allgemeine Maßnahmen**
- Im Freibad soll eine Gruppe von Schwimmanfängern niemals in unmittelbarer Nähe des Tiefwasserbeckens lagern!
- Niemals geformte („besonders schöne") Sprünge fußwärts in flaches Wasser ausführen lassen! Gefahr von Zehen- und Fußverletzungen!
- Keine Benutzung von Auftriebskörpern am oder unter dem Körperschwerpunkt! Besonders Kinder werden über das wahre Verhalten des Körpers im Wasser getäuscht!

## Die Baderegeln

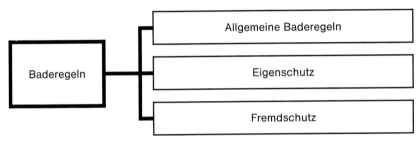

**Allgemeine Baderegeln**
- Baden dient der Gesundheit und Freude. Meide alles, was dieses Vergnügen stört!
- Bade niemals mit offenen Wunden oder Hautausschlag!
- Achte bei Trommelfellverletzungen auf folgendes:
  - Schütze das Ohr vor Wassereintritt!
  - Tauche nicht!
  - Schwimme niemals allein!
- Bade nur an Badeplätzen, die für die Öffentlichkeit freigegeben sind und nach Möglichkeit von Rettungsschwimmern bewacht werden!
- Füge dich den Anweisungen der Badeaufsicht und befolge die Badeordnung!
- Rufe nie um Hilfe, wenn du nicht wirklich in Gefahr bist!

**Eigenschutz**
- Gehe nie erhitzt ins Wasser!
- Bade erst eine Stunde nach einer Hauptmahlzeit!
- Springe niemals kopfwärts in flaches oder unbekanntes Gewässer!
- Meide sumpfiges und pflanzendurchwachsenes Gewässer!

- Bade nie in der Nähe von Brückenpfeilern, Stauwehren, Wasserfällen, Schleusen, Buhnen und in Prielen!
- Bade im Meer nie bei ablaufendem Wasser (Ebbe)!
- Bade nicht bei Gewitter!
- Laufe nicht in der Schwimmhalle!
- Schwimme nie mit sogenannten Schwimmhilfen wie Autoschläuchen, Luftmatratzen, Schwimmtieren, kleinen Plastikbooten, Korken, Ringen usw. in tiefes Wasser, wenn du noch kein sicherer Schwimmer oder gar noch Anfänger bist!
- Tauche nicht bei starkem Badebetrieb!
- Nimm deinen Kaugummi vor dem Baden aus dem Mund!
- Trage beim Baden keine Ketten!
- Verlasse das Wasser, wenn du zu frieren beginnst! Ziehe dir nach dem Bad sofort trockene Kleider an!
- Meide übermäßige Sonnenbestrahlung!

**Fremdschutz**
- Viele Leute suchen beim Baden Erholung und Freude. Belästige, behindere und gefährde sie nicht!
- Richte dein Spiel so ein, daß es dir Freude, aber anderen keinen Ärger bereitet!
- Stelle Musikgeräte auf begrenzte Lautstärke ein!
- Sammle Abfälle in einer Plastiktüte oder wirf sie direkt in den Papierkorb!
- Vergiß nicht, auf die Toilette zu gehen, bevor du dich ins Wasser begibst!
- Zerschlage keine Flaschen oder andere Glassachen an der Badestelle!
- Stoße nie andere Badegäste ins Wasser! Tauche sie nie unter!
- Vergewissere dich beim Springen stets, daß die Wasserfläche unter dir frei ist!
- Trage beim Baden keine Uhren oder scharfkantige Ringe!

**Baderegeln für das „Seepferdchen"-Abzeichen**

1. Bade nie mit vollem oder ganz leerem Magen!

4. Verunreinige nicht das Wasser und den Badeplatz!

2. Kühle dich ab, ehe du ins Wasser gehst, und verlasse das Wasser sofort, wenn du frierst!

5. Luftmatratze, Autoschlauch und Gummitiere sind im Wasser gefährliches Spielzeug!

3. Nimm Rücksicht auf andere Badende, besonders auf Kinder! Tauche diese nicht!

6. Gehe nie allein ins Wasser!

Gehe als Nichtschwimmer nur bis zur Brust ins Wasser!

 Rufe nie um Hilfe, wenn du nicht wirklich in Gefahr bist!

 Springe nur, wenn das Wasser unter dir tief genug und frei ist!

 Ziehe nach dem Baden das Badezeug aus und trockne dich ab!

**Baderegeln für das Jugendschwimm-Abzeichen (Bronze)**

 Bei Gewitter ist Baden lebensgefährlich!

 Schwimmen und Baden an der See ist mit besonderen Gefahren verbunden!

 Überschätze in freiem Gewässer nicht deine Kraft und dein Können!

 Meide zu intensive Sonnenbäder!

 Meide sumpfige und mit Pflanzen bewachsene Gewässer!

 Gehe nicht ins Wasser, wenn du Wunden oder Hautausschlag hast!

 Unbekannte Ufer bergen Gefahren!

 Gehe nur an bewachten Badestellen ins Wasser!

 Schiffahrtswege, Buhnen, Schleusen, Brückenpfeiler und Wehre sind keine Schwimm- und Badeplätze!

 Füge dich den Anweisungen der Badeaufsicht und befolge die Badeordnung!

# Organisation eines Schwimmlehrganges für Anfänger

**7**

Für eine Reihe von Einrichtungen ist es notwendig, einen Schwimmkurs lange im voraus zu planen. Das trifft nicht so sehr auf die Schule zu, als vielmehr auf Vereine, DLRG- und DRK-Gruppen, Kindergärten und Volkshochschulen. Für sie beginnt der Schwimmlehrgang schon mit der Werbung und erstreckt sich über die Finanzierung, die Zusammenarbeit mit den Eltern bis hin zu den Absprachen mit der Gemeinde über Schwimmhallenzeiten und -kosten. Fünf Bereiche sind in die Planung einzubeziehen:

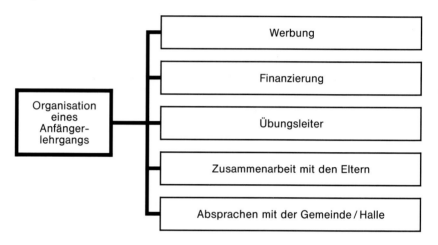

Im folgenden werden diese fünf Bereiche in Form einer übersichtlichen Checkliste dargestellt, aus der sich jeder Interessierte die speziell für seinen Anfängerkurs notwendigen Informationen herausnehmen kann.

## Werbung

Jede Werbung für einen Anfängerschwimmkurs soll vier Informationsbereiche ansprechen:

Wer?

Wann?

Was?

Wo?

*Beispiel:*

Der Hamburger Schwimmclub (HSC) beginnt am 16. Oktober 1981 mit neuen Anfängerschwimmkursen für Vorschulkinder zwischen drei und sechs Jahren in der Alster-Schwimmhalle. Meldungen möglichst umgehend an die Geschäftsstelle des HSC in ........................................, Telefon ........................, richten.

Es bieten sich verschiedene Möglichkeiten der Werbung über entsprechende Werbeträger an:

1. Lokale Presse und Werbezeitungen für Vereine, DLRG-Gruppen, DRK-Gruppen und private Initiativen.
2. Gemeindebote für den gleichen Kreis.
3. Vereinszeitungen.
4. Volkshochschulkalender.
5. Elternbriefe bieten sich bei Schulen und Kindergärten an.
6. Aushänge in Schaukästen.
7. Anschläge an Informationstafeln der Gemeinde.
8. Hauswurfsendungen.
9. Mund-zu-Mund-Propaganda.
10. In Zusammenarbeit zwischen
    - Schule und Verein,
    - Kindergarten und Verein,
    - Volkshochschule und Verein,
    - Schule und Schwimmeister,
    - Kindergarten und Schwimmeister

    stellt der örtliche Sportverein, die DLRG, das DRK oder die Gemeinde den Übungsleiter oder Schwimmeister. Die Initiative für diese Zusammenarbeit kann von beiden Seiten ausgehen. Durch persönliche Gespräche sollten Vorurteile aus dem Weg geräumt und gemeinsame Ziele abgesteckt werden.

# Finanzierung

Die finanzielle Kalkulation des Lehrgangs richtet sich nach den Kosten für die Schwimmhalle, die Übungsleiter und evtl. anzuschaffende Geräte. Sie ist abhängig von der Länge des Kurses und der Zahl der Kinder, die von einem Übungsleiter unterrichtet werden.

1. Länge des Kurses:
   - Kurs mit fester Stundenzahl über 10, 12, 15 oder 20 Stunden.
   - Der Kurs dauert, bis das Ziel des Lehrgangs erreicht ist, z. B. Frühschwimmer.
   - Der Kurs läuft über einen bestimmten Zeitraum einmal in der Woche, z. B. vom ersten Mittwoch nach den Weihnachtsferien bis zum letzten vor den Osterferien.
   - Kompaktlehrgang in den Ferien.

   *Anmerkung:* Feiertage, an denen die Schwimmhalle geschlossen hat, müssen berücksichtigt werden, z. B. Himmelfahrt, 1. Mai, Bußtag.

2. Die Zahl der Kinder pro Übungsleiter kann sehr unterschiedlich sein.

   Die Spanne reicht
   - je nach Alter der Kinder vom Einzelunterricht bis zu etwa 15 Schülern je Lehrer,

- je nach Erfahrung des Lehrers von vier bis zu 15 Kindern,
- je nach Intelligenz der Kinder von vier bis zu 15 Kindern,
- bei Körperbehinderten nach dem Grad der Behinderung bis zum Einzelunterricht,
- bei erwachsenen Nichtschwimmern wegen der notwendigen Betreuung nicht über zehn Teilnehmer.

3. Ermäßigungen und Vergünstigungen sollten nur in Ausnahmefällen gewährt werden. In der Praxis kommen sie vor
   - bei Geschwistern,
   - bei sozial schwachen Kindern oder
   - bei einem Ausfall von mehreren Stunden durch Krankheit der Kinder oder Urlaub der Eltern. Oft können die versäumten Stunden im nächstfolgenden Kurs nachgeholt werden.

4. Planbeispiel einer finanziellen Kalkulation
   - Dauer des Lehrgangs: zwölf Stunden.
   - Alter der Kinder: fünf bis sechs Jahre.
   - Kosten: Lehrbecken mit 15,– DM pro Stunde,
     
     | | |
     |---|---:|
     | zwölf Übungsstunden sind | 180,– DM |
     | Übungsleiter mit 10,– DM pro Stunde, drei Übungsleiter mit je zwölf Stunden sind | 360,– DM |
     | Gesamtkosten | 540,– DM |
   
   - Lehrgangsgebühren: pro Kind 30,– DM,
     
     | | |
     |---|---:|
     | 18 Kinder mit je 30,– DM | 540,– DM |

5. Bezahlung der Lehrgangsgebühren

   Die Art der Bezahlung sollte den Eltern in einem Rundschreiben mitgeteilt werden (Elternbrief):
   - Bargeldlose Zahlung, die Kontonummer wird den Eltern mitgeteilt, der Beleg in der ersten Schwimmstunde vorgelegt.
   - In Turn- und Sportvereinen werden die Gebühren oft durch den Vereinsbeitrag abgegolten.
   - Bei Barzahlung in einer der ersten Übungsstunden ist es notwendig, vorgefertigte Quittungen bereitzuhalten, in die nur noch der Name eingetragen wird.

## Übungsleiter

Bei den meisten Anfängerlehrgängen im Schwimmen ist die Nachfrage derart groß, daß ein Lehrer die Durchführung allein nicht bewältigen kann. Er ist auf Helfer angewiesen. Schwimmsport treibende Vereine, die DLRG und das DRK bauen ihre Aktivitäten zum großen Teil auf ehrenamtlicher Tätigkeit auf. Ein ausgebildeter Übungsleiter wird unterstützt durch Jugendliche oder Eltern. Diese Helfer werden in ihre Arbeit durch den Leiter eingewiesen und innerhalb des Verbandes in Lehrgängen geschult und fortgebildet, bis sie selbst eine Fachlizenz erworben haben.

Bis zu diesem Zeitpunkt trägt jedoch der Leiter des Lehrganges die volle Verantwortung für den Gesamtablauf des Lehrgangs.

Will er nicht fahrlässig handeln, ist er verpflichtet, seine Helfer

— in einen Gesamtplan einzuweisen,

— methodisch zu unterweisen,

— auf Sicherheitsmaßnahmen aufmerksam zu machen und

— im Umgang mit den Schülern auszubilden.

## Zusammenarbeit mit den Eltern

1. Ein Elternbrief vor dem Lehrgang sollte in folgenden Bereichen informieren:
   - Ziel des Lehrgangs,
   - Art des Anfängerlehrgangs, z. B. Mutter und Kind, Vorschulalter,
   - Länge des Lehrgangs,
   - Lehrgangsgebühren,
   - Art der Bezahlung und Kontonummer,
   - Ort und Zeit des Unterrichts,
   - Adresse und Telefonnummer des Übungsleiters,
   - Fragen nach dem Gesundheitszustand des Schülers.

2. Ein Elternabend im Rahmen der Lehrgangsvorbereitung könnte zur erfolgreichen Durchführung wesentlich beitragen. Inhalt: Information, Aussprache, Kurzreferat, Film.

   In einer „Fragestunde" sollten die folgenden Probleme angesprochen werden:
   - Elternhilfe beim Aus- und Anziehen und beim Duschen,
   - vorbereitende Übungen im Hause in der Badewanne oder unter der Dusche,
   - Abbau zu ehrgeiziger Vorstellungen der Eltern,
   - Vorstellung des Übungsleiters und der Helfer,
   - Fahrgemeinschaften,
   - methodisches Vorgehen des Lehrers,
   - Anfangsschwimmart,
   - Absprachen bezüglich der Anwesenheit der Eltern während der Übungsstunden, evtl. Einrichtung eines „Tages der offenen Tür".

3. Bei einem Eltern-Kind-Lehrgang sollten Einsatz und Mitarbeit der Eltern festgelegt werden.

## Absprachen mit der Gemeinde/Halle

1. Schwimmhallenkosten.
2. Belegungszeiten.
3. Vorhandene Geräte.
4. Lagerung von vereins- und gruppeneigenen Geräten in der Halle.
5. Evtl. Hilfe des Schwimmeisters bei der Schulung.

# Organisation einer Schwimmstunde

**8**

Das Gelingen einer Schwimmstunde hängt von verschiedenen Faktoren ab, u. a. von
- der fachlichen Qualifikation und Vorbereitung des Lehrers,
- der organisatorischen Planung der Unterrichtsstunde,
- der Zusammensetzung und jeweiligen Stimmung der Gruppe,
- den örtlichen Gegebenheiten (Beschaffenheit des Beckens, Wärme des Wassers u. ä.).

Muß sich der Lehrer mit einigen dieser Faktoren zu Beginn jeder Übungsstunde spontan auseinandersetzen, so trifft dies für die organisatorische Planung nicht zu. Sie läßt sich im Normalfall bis in die Einzelheiten vorbereiten. In Form einer Checkliste möchten wir auf die häufigsten Probleme hinweisen, die sich hier dem Übungsleiter stellen. Sie sollen helfen

- die Übungsintensität zu steigern,
- die Zahl der Ordnungsmaßnahmen herabzusetzen,
- die Schüler zu festen Gewohnheiten im Schwimmbad zu erziehen,
- die Sicherheit der Schüler zu garantieren und
- die Verständigung zwischen Lehrern und Schülern in der unruhigen Halle zu verbessern.

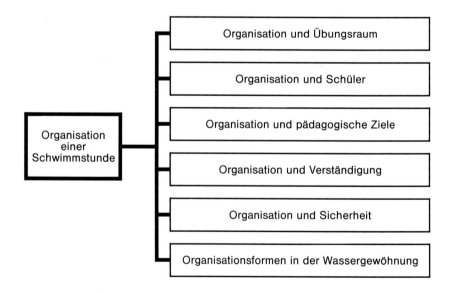

## Organisation und Übungsraum

1. Aufteilung der Halle durch Absprache mit anderen in der Halle anwesenden Lehrern.
2. Absprache mit den Schwimmeistern wegen benötigter Geräte oder — wenn der

Unterricht während des öffentlichen Badebetriebes stattfindet — wegen des gewünschten Übungsraumes.

3. Einteilung in Leistungsgruppen.

4. Absprache bestimmter Verhaltensweisen mit den Schülern, um eine kurz bemessene Schwimmzeit nicht noch durch ständige Ordnungsmaßnahmen zu reduzieren.

- Die Schüler begeben sich nach dem Duschen stets unverzüglich zu einem festzusetzenden Treffpunkt an der Schwimmanlage.
- Kein Schüler geht vor Beginn des Unterrichts ins Wasser.
- Der Lehrer wählt Schüler aus, die vor Beginn des Unterrichts Leinen spannen, Schwimmhilfen holen und nach der Stunde wieder fortbringen.
- Empfehlenswert ist es, die Schüler in Vierergruppen einzuteilen, die das ganze Jahr über bestehenbleiben. Spiele und Staffeln sind durch diese Maßnahme ohne großen Zeitaufwand vorzubereiten.
- Die Schüler legen Seife und Shampoo stets zusammen an einem zu bestimmenden Platz in der Schwimmanlage ab. Dadurch ist es dem Lehrer möglich, beim Verlassen der Halle nach Unterrichtsende die Mitnahme aller Gegenstände zu kontrollieren.

5. Der Übungsleiter sollte die möglichen Organisationsformen auf die Gegebenheiten des Anfängerbeckens abstimmen, in dem er unterrichtet. Dabei sind für seine Planung folgende Überlegungen von Interesse:

- Größe des Lehrbeckens.
- Besitzt das Lehrbecken eine breite Treppe?
- Besitzt das Lehrbecken einen Hubboden?
- Wie ist die Überlaufrinne geformt?
- Ist der Boden glatt oder griffig?
- Sind Befestigungsmöglichkeiten für Leinen vorhanden?

# Organisation und Schüler

### Größe der Gruppe

- Kann die Gruppe geschlossen üben oder muß sie aufgeteilt werden?
- Ist es notwendig und möglich, Differenzierungsmaßnahmen in den Unterricht einzubauen?
- Verbieten sich evtl. bestimmte Organisationsformen durch eine zu große Gruppe?
- Wie muß ich einzelne Organisationsformen abwandeln, damit Vorschulkinder in einem Lehrbecken mit abfallendem Boden nicht in Gefahr geraten?

**Alter der Schüler**

— Je jünger die Schüler, desto weniger Partnerformen sind möglich.
— Vorschulkinder und Kinder des ersten Schuljahres müssen erst an Organisationsformen herangeführt werden.
— Ältere Schüler interessieren sich für kindliche Spiele und Organisationsformen nicht mehr.
— Je jünger die Schüler sind, desto kleiner muß die Gruppe sein, in der sie unterrichtet werden. Allgemein gilt hier die Regel:

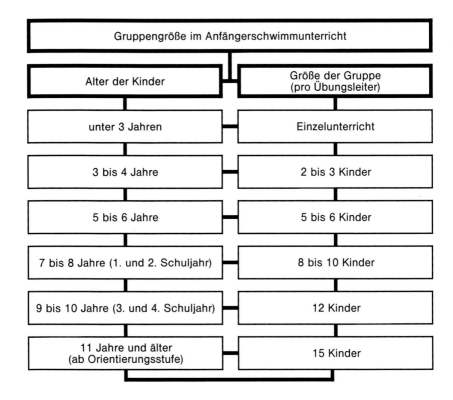

| Gruppengröße im Anfängerschwimmunterricht ||
|---|---|
| Alter der Kinder | Größe der Gruppe (pro Übungsleiter) |
| unter 3 Jahren | Einzelunterricht |
| 3 bis 4 Jahre | 2 bis 3 Kinder |
| 5 bis 6 Jahre | 5 bis 6 Kinder |
| 7 bis 8 Jahre (1. und 2. Schuljahr) | 8 bis 10 Kinder |
| 9 bis 10 Jahre (3. und 4. Schuljahr) | 12 Kinder |
| 11 Jahre und älter (ab Orientierungsstufe) | 15 Kinder |

Diese Zahlen können natürlich nur Richtwerte sein. Sie sollen aber angestrebt werden, um einen effektiven Unterricht zu erreichen.

— Behinderungen aller Art engen die Zahl der Anfänger je Übungsleiter ein, teilweise bis zum Einzelunterricht.

**Wärme des Wassers**

— Je jünger die Schwimmschüler sind, desto wärmer soll das Wasser sein.

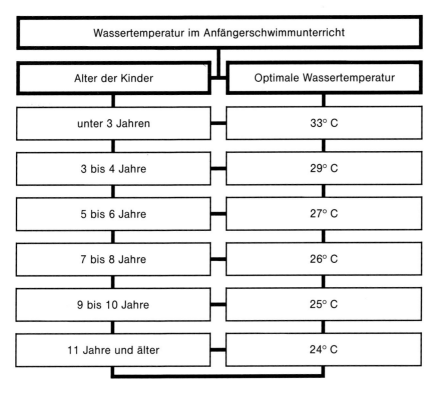

Da diese Bedingungen in unseren Schwimmhallen für die Kinder unter fünf Jahren kaum, für die fünf- bis zehnjährigen selten zu verwirklichen sind, muß der Lehrer die Dauer der Unterrichtszeit so festsetzen, daß nach seinem Ermessen eine Unterkühlung der Kinder nicht zu erwarten ist. Er muß die Kinder hinsichtlich einer möglichen Unterkühlung ständig beobachten.*)
— Die Außentemperatur des Schwimmbeckens soll jeweils 2 bis 3° C über den o. a. Werten liegen.

**Leistungsstand der Übenden**
— Bestimmte Spiele und Organisationsformen können erst dann erfolgreich durchgeführt werden, wenn *alle* Schüler leistungsmäßig dazu in der Lage sind. Allgemein gilt hier die Regel: Die Wahl des Spiels oder einer Organisationsform richtet sich immer nach den schwächeren Kindern der Gruppe!
— Entsprechendes gilt auch bei Kindern unterschiedlicher Größe: Die Wahl der Wassertiefe richtet sich immer nach den kleineren Kindern der Gruppe!

---
*) Siehe Kapitel „Auseinandersetzung mit dem Element Wasser", Seite 21 ff.

## Organisation und pädagogische Ziele

Die Organisationsformen sollen geeignet sein,
- den Kindern die vom Lehrer geplanten Übungen zu vermitteln,
- Bewegungsabläufe zu festigen und
- als positive Verstärker zu wirken.

Dazu bieten sich an:
- Individuelles Arbeiten,
- Partnerformen,
- Üben in der Gruppe,
- Spielformen,
- Staffelformen,
- kleine Wettkämpfe usw.

## Organisation und Verständigung

Im Interesse von Lehrer und Schüler soll der einwandfreien Verständigung ein besonderes Augenmerk gewidmet werden; denn gutes Verstehen garantiert Motivation, Lernerfolg, einen präzisen Ablauf der Stunde, Übungsintensität und Sicherheit. Dabei sollten die ständige Unruhe in der Halle sowie die vielfältigen Ablenkungsmöglichkeiten in besonderer Weise Berücksichtigung finden: Wassergeräusche, Schall, Unruhe durch andere Gruppen, Badekappenzwang, Wasser im Ohr usw. Diese Störgrößen lassen sich zwar nicht völlig ausschalten, sie können jedoch durch bestimmte organisatorische Maßnahmen in ihrer Negativwirkung gemildert werden.

1. Der Lehrer wartet mit seinen Aufgabenstellungen, bis alle Schüler aufnahmebereit sind.
2. Er verabredet mit den Schülern optische und akustische Zeichen, bei denen alle aufmerken sollen. Diese Zeichen sollen eindeutig sein.
3. Kein Schüler hält sich hinter dem Rücken des Lehrers auf, wenn dieser Informationen an die Schüler ausgibt *(Abb. 246)*.

Abb. 246

4. Der Lehrer steht vor der Mitte der Schülerreihe, wenn diese Ordnungsform zur Informationsvermittlung gewählt ist *(Abb. 247)*.

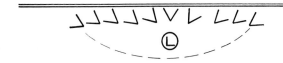

Abb. 247

5. Zur Informationsausgabe und Korrekturanweisung durch den Lehrer kommen die Schüler zu einem Kreis zusammen.

6. Die Lehrersprache muß angesichts des relativ hohen Geräuschpegels in der Schwimmhalle deutlich, akzentuiert und entsprechend laut sein.

7. Wortwahl und Diktion müssen auf den geistigen Entwicklungsstand der Kinder abgestimmt sein.

8. Der Lehrer spricht klar, kurz und verständlich. Lange Vorträge sind hier fehl am Platze.

9. Korrekturen gibt er möglichst durch verabredete Gesten und Mimik während des Übungsablaufs.

## Organisation und Sicherheit

1. Auf ein verabredetes Zeichen hin (z. B. langgezogener Pfiff) verlassen alle Kinder unverzüglich das Wasser.

2. Der Sammelpunkt für eine Nichtschwimmergruppe darf nie in Nähe des Tiefwasserteils sein.

3. Der Lehrer darf im Lehrbecken Längs- und Querverkehr nicht zur gleichen Zeit einplanen oder zulassen.

4. Beim Üben des Gleitens in Brust- und Rückenlage sowie bei der Ausführung von Delphinsprüngen ist ein „Gegenverkehr" zu unterbinden, da Anfänger zumeist mit geschlossenen Augen tauchen.

5. Bei kombinierten Schwimmbecken muß darauf geachtet werden, daß der Flachwasserteil eindeutig und unübersehbar vom tiefen Beckenteil abgegrenzt ist. Die Abgrenzungsleinen dürfen keinesfalls entfernt werden.

6. Jeder Schüler, der eigenständig das Wasser oder einen anderen Übungsbereich verläßt (z. B. zum Aufsuchen der Toilette), muß sich beim Lehrer oder Übungsleiter ab- und zurückmelden.

7. Beim Anfängerschwimmunterricht halten sich der Übungsleiter und die Helfer grundsätzlich im Wasser auf, um notfalls sichernd und helfend eingreifen und Gefahren abwenden zu können.

# Organisationsformen in der Wassergewöhnung

1. Kreis mit und ohne Handfassung
   - Empfinden des Wasserwiderstandes, Gewöhnung an den rutschigen Untergrund:
     - Gehen, Laufen, Hüpfen, Hinken rechts und links herum.
     - Hüpfkarussell ohne Handfassung.
     - Gehen zur Kreismitte und wieder zurück zum Außenkreis.
   - Auftriebsübungen:
     - Jeder zweite Schüler hockt die Beine an und läßt sich durchs Wasser tragen.
     - Aus dieser Hockhaltung streckt er die Beine und begibt sich in die Rücken- oder Brustlage.
     - Wechsel zwischen gestreckter Rücken- und Brustlage.
     - Brust- und Rückenlage mit Kraul- und Rückenkraulbeinschlag.
     - „Tauchstern" in Rücken- oder Brustlage.
   - Tauch- und Atemübungen:
     - Tauchender Kreis.
     - Spiel: „1, 2, 3, 4, runter mit dir!".
     - Pusten und Blubbern ins Wasser.
     - Kleine Korken oder Tischtennisbälle werden zur Kreismitte geblasen.
     - Eintauchen des Gesichts und Auftauchen ohne Augenreiben.
     - Schwebesprünge mit regelmäßigem Abtauchen und Ausatmen.
     - Spritzschlacht.
2. „Schlange"
   - Erste Orientierung im Lehrbecken:
     - Gehen und Laufen mit Handfassung.
     - Gehen mit nur indirektem Partnerkontakt durch einen Tauchring.
     - Gehen zum Kreis.
     - Gehen zur „Schnecke".
     - Gehen durch eine von den Mitschülern gebildete „Brücke".
3. Reihe
   - Sitz auf einer Treppenstufe:
     - Eintauchen des Gesichts.
     - Atemübungen.
     - Empfinden des Wasserwiderstandes mit den Händen und Armen.
     - Einatmen gegen den Wasserdruck.
     - Gleiten nach Abstoß von der Treppe.

- Stütz auf einer Treppenstufe:
  - Auftreiben in die Brust- oder Rückenlage.
  - Kraul- oder Rückenbeinschlag.
  - Brustbeinschlag.
  - Abstoß mit den Händen, dann Gleiten fußwärts.
  - Atemübungen.
  - Öffnen der Augen.
- Stand auf einer Treppenstufe:
  - Eingleitsprünge.
  - Schritt- und Schlußsprünge von der Treppe.
  - Hineinlaufen ins Wasser mit und ohne Handfassung.
- Sitz auf der Beckenkante:
  - Empfinden des Kraul- und Rückenkraulbeinschlags.
  - Delphinbeinschlag aus dem Kniegelenk.
- Stand an der Beckenwand:
  - Tauchübungen.
  - Abstoßen in Brust- und Rückenlage, auch Seitenlage.
  - Abtauchübungen als Vorbereitung des Unterwasserabstoßes.
  - Abstoß unter Wasser in Brust- und Rückenlage.
  - Gleiten nach dem Abstoß von der Wand.
  - Auftreiben des Körpers nach tiefer Einatmung.
  - Üben der Kippbewegung als Vorbereitung der Kippwende.
  - Ausgangspunkt für die Übungen des Ziehens und Schiebens.

4. Freies Üben im Lehrbecken
   - Gewöhnung an den Wasserwiderstand und an den rutschigen Untergrund:
     - Gehen, Laufen, Hüpfen und Hinken vor- und rückwärts.
     - Wir spielen Auto mit einem kleinen Tauchring als Lenkrad.
     - Wir spielen Dampfer, indem wir ein Schwimmbrett schieben.
     - Hüpfkarussell.
   - Auftrieb:
     - Hockschwebe.
     - „Seestern" in Brust- und Rückenlage.
     - „Toter Mann" in Brust- und Rückenlage.
     - Schwebesprünge.
     - Partnerübungen (Ziehen und Schieben).

- Tauch- und Atemübungen:
    - Pusten eines Korkens, eines Tischtennisballes.
    - Ausatmen ins Wasser.
    - Strecksprünge und tiefe Hocke ohne und mit Atmung.
    - Handstand.
    - Rollen vor- und rückwärts.
    - Sitzen oder Liegen auf dem Boden nach extremer Ausatmung.
5. Laufendes Band
    - Gleiten in Brust- und Rückenlage.
    - Delphinsprünge.
    - Ziehen und Schieben.
    - Laufen, Gehen, Hüpfen, Hinken vor- und rückwärts.
    - Abstoß unter Wasser und Gleiten.
    - Gleiten — Rolle vorwärts — Gleiten usw.
    - Einzelarbeit der Arme und Beine mit Brett oder Partner oder aus dem Gleiten.
6. Üben in Wellen
    - Gleiten in Brust- und Rückenlage.
    - Delphinsprünge.
    - Ziehen und Schieben eines Partners.
    - Gehen, Laufen, Hüpfen, Hinken vor- und rückwärts.
    - Unterwasserabstoß und Gleiten.
    - Einzelarbeit der Arme und Beine, allein, mit Gerät oder Partner.
7. Üben in Staffelform
    - Gehen, Laufen, Hüpfen, Hinken vor- und rückwärts.
    - Gleiten in Brust- und Rückenlage.
    - Delphinsprünge.
    - Ziehen und Schieben eines Partners.
    - Einzelarbeit der Arme und Beine.
8. Partnerformen zu zweit und zu dritt
    - Ziehen und Schieben eines Partners.
    - Zwerg und Riese.
    - Delphinsprünge durch die Beine eines Partners.
    - Tunneltauchen.
    - Hangeltauchen.
    - Tragen eines Partners (Auftrieb).

- Kontrolle beim Öffnen der Augen.
- Tauchübungen.

9. Gruppenweises Üben im Wechsel, wenn die Riegen zu groß und unübersichtlich sind.

Es werden die gleichen Organisationsformen (1. bis 8.) gewählt.

Die jeweils ruhende Gruppe sitzt (möglichst unter Aufsicht eines Helfers) auf den Wärmebänken.

# Wahl der Anfangsschwimmart

**9**

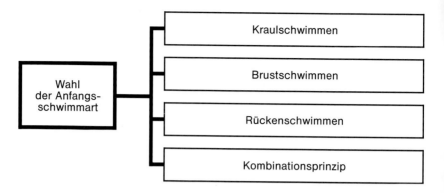

Über die Frage nach der Anfangsschwimmart wurde schon viel geschrieben; deshalb sind an dieser Stelle nur im Rahmen einer Kurzübersicht die Vor- und Nachteile aufgezeigt, denen bei der Wahl einer der drei Techniken Kraul-, Brust- und Rückenschwimmen oder des Kombinationsprinzips als Anfangsschwimmart Rechnung getragen werden muß.

Bewußt wurde hier auf eine endgültige Wertung verzichtet, aus der Erfahrung heraus, daß die Vorliebe für eine bestimmte Technik als Erstschwimmart oft subjektiv geprägt ist durch

— das Ziel, das dem Lehrer oder Übungsleiter letztlich vorschwebt, wenn er eine Schülergruppe zum Schwimmen führt (Freizeitschwimmer, Rettungsschwimmer, Leistungsschwimmer u. ä.),

— die Zeit, die ihm für die Durchführung eines Anfängerlehrgangs zur Verfügung steht,

— den zu nutzenden Übungsraum,

— die Anzahl der Lehrgangsteilnehmer,

— deren Alter und Entwicklungsstand und schließlich

— die Kenntnisse, Fähigkeiten und Vorbildung, über die der Übungsleiter verfügt.

Unser Ziel ist daher nur eine allgemeine Information, die die Entscheidung über die Wahl der Anfangsschwimmart erleichtern möge. In der folgenden Gegenüberstellung findet das Schmetterlingsschwimmen keine Berücksichtigung, weil es als Erstschwimmart von der Kraft und Motorik her zu hohe Anforderungen an den Schwimmneuling stellt.

## Kraulschwimmen

### Vorzüge

1. Als Wechselschwimmart gilt das Kraulen als natürliche Bewegungsform. Es ist motorisch sowie muskulär schon durch das Gehen und Laufen vorbereitet.
2. Die gesundheitlichen Werte des Kraulens sind höher anzusetzen als bei anderen Techniken, besonders seine Wirkung auf Atmung und Kreislauf.

3. Als schnellste Schwimmart übt das Kraulen eine motivierende Wirkung auf die Schüler aus.
4. Ein Kind, das kraulen kann, ist wassersicher.
5. Das Kraulschwimmen führt zu relativ zeitigen Erfolgserlebnissen, wenn auch anfangs nur über kurze Strecken.
6. Das Erlernen des Kraulens bringt eine Erfahrungsbereicherung im Bewegungsumfeld ein: Kraulen schult Rückenkraulen und Delphin-(Schmetterlings-)schwimmen.

**Nachteile**

1. Der Körper liegt flach im Wasser. Daher ist die Möglichkeit der Orientierung in die Bewegungsrichtung und nach beiden Seiten stark eingeschränkt.
2. Das Erlernen der Koordination, besonders der des Wechselbeinschlags mit der Drehung des Kopfes, erweist sich oft als problematisch.
3. Das gilt auch bei der Schulung der in den Bewegungszyklus der Arme eingepaßten Atmung.
4. Der Schüler vermag es wegen der hohen motorischen Anforderungen anfangs nicht, sich während des Bewegungszyklus' zu entspannen. Dieses Unvermögen führt häufig zu Schmerzen in Schultern und Beinen, manchmal auch zu Krämpfen.

# Brustschwimmen

**Vorzüge**

1. Der Anfänger gelangt in relativ kurzer Zeit zu ausdauerndem Schwimmen.
2. Das Brustschwimmen ermöglicht ihm eine gute Orientierung in die Bewegungsrichtung und nach beiden Seiten.
3. Die lange Gleitphase erlaubt eine optimale Entspannung zwischen den einzelnen Bewegungszyklen.
4. Die Brustbeinbewegung führt zu einem guten Vortrieb, was vornehmlich bei der Wasserrettung wesentlich ist.
5. Das Brustschwimmen gestattet einen Sprechkontakt unter den Teilnehmern.

**Nachteile**

1. Das Brustschwimmen ist vom Bewegungsrhythmus her keine natürliche menschliche Bewegungsform.
2. Die Gesamtkoordination von Teilbewegungen und Atmung stellt den Anfänger vor Probleme.
3. Bei der Schulung des Brustbeinschlags treten relativ viele Bewegungsfehler auf, die schwer zu korrigieren sind. Ein fehlerhafter Beinschlag schleift sich häufig ein und begleitet dann den Schwimmer bis an sein Lebensende.
4. Brustschwimmen ist die langsamste Schwimmtechnik.
5. Selbst Kinder, die noch nicht wassergewöhnt sind, können trotz dieses Mangels das Brustschwimmen erlernen. In plötzlich auftretenden Gefahrensituationen sind sie dann folglich eindeutig überfordert, zumal sie ihre Wassersicherheit überschätzen.

## Rückenschwimmen

### Vorzüge

1. Der Wechselschlag beim Rückenkraulen entspricht der natürlichen Bewegungsform, dem Wechselschritt beim Gehen.
2. Durch den ungehinderten Atemvorgang ist das Rückenschwimmen schnell zu erlernen.
3. Durch die visuelle Kontrollmöglichkeit der Schwimmlage und des Beinschlages kann die Zahl der Fehler von vornherein gering gehalten werden.
4. Das Erlernen des Rückenkraulens führt gleichzeitig zu einer Erfahrungsbereicherung im Bewegungsumfeld. Der Rückenkraulbeinschlag schult den Kraul- und Delphinbeinschlag.
5. Das Rückenschwimmen gilt als ausgezeichnetes Mittel der Haltungsschulung.

### Nachteile

1. Für den Anfänger ist es schwierig, die Rückenlage einzunehmen. Er besitzt noch nicht das Geschick, sich aus dieser Lage wieder aufzurichten.
2. Das Erlernen des Armzuges bereitet den Schülern Schwierigkeiten, weil sie ihn optisch nicht kontrollieren können.
3. Die meisten Anfänger haben beim Rückenschwimmen nur einen geringen Vortrieb. Sie setzen ihre Armkraft noch nicht optimal ein.
4. Durch das Fehlen des dynamischen Auftriebs wird das Gesicht des Anfängers häufig von Wasser überspült.
5. Die Orientierung in die Schwimmrichtung ist nicht gegeben. Die Folgen sind ungenaues Richtungsschwimmen, Angst vor dem Aufprall auf eine Wand oder einen Partner und dadurch häufiges Unterbrechen des Bewegungsflusses zur Orientierung.

## Kombinationsprinzip

### Vorzüge

1. Durch die parallele Schulung der verschiedenen Schwimmtechniken ergibt sich eine optimale Ausbildung der motorischen Fähigkeiten des Schwimmschülers.
2. Durch die mannigfaltigen Reize ist eine vielseitige Kräftigung der Skelettmuskulatur möglich.
3. Durch unterschiedliche Erfolgserlebnisse und den Abwechslungsreichtum in der Schulungsarbeit wird der Schüler ständig neu motiviert.
4. Das Ergebnis der Schulung ist ein wassergewandter und wassersicherer Schüler.
5. Das Kombinationsprinzip ermöglicht das zeitige Entdecken spezieller Begabungen des Schwimmanfängers.

### Nachteile

1. Der Weg vom Nichtschwimmer zum Schwimmer ist wesentlich zeitaufwendiger.
2. Die positive Verarbeitung einer Fülle von Bewegungsreizen überfordert motorisch schwächer begabte Kinder.

# Hilfsmittel beim Schwimmlehrgang für Anfänger

10

## Bunte Kinderspielsachen

Kleine Schwimmtiere, Bälle, Schiffchen, Ringe etc., die an der Oberfläche treiben.

**Einsatz**
- zur Motivation besonders der Kleinkinder zum Spielen im Wasser,
- zum Anreiz für Kleinkinder, sich in eine bestimmte Richtung zu bewegen,
- zum Ablenken von der Scheu vor dem Wasser,
- zum Verdeutlichen des Begriffes „Auftrieb".

Abb. 248

## Große leichte Bälle und Luftballons

**Einsatz**

— Die Kinder versuchen, den Ball durch Prellen in der Luft zu halten (Einzel- oder Gruppenspiel);
— beim Wasservolleyball (siehe Seite 156);
— beim Völkerball im Lehrbecken (siehe Seite 172);
— beim „Ball über die Schnur" und Spiel (siehe Seite 155).
— Die Schüler versuchen, den Ball nur durch Prellen mit dem Kopf in der Luft zu halten (Einzel- oder Gruppenspiel).

Abb. 249

## Gymnastik- und Kunststoffbälle

**Einsatz**

- bei Wurf- und Fangspielen im Wasser,
- zum Verdeutlichen des Auftriebs,
- bei Reaktionsübungen im Wasser (Völkerball),
- bei Tauchübungen mit dem Ball,
- bei Gleitübungen mit einem Ball in den Händen und
- bei Gleitübungen mit Kraulbeinschlag,
- beim Gleiten zum Ball (Gleitziel),
- beim „Zerrkreis"-Spiel (siehe Seite 138),
- beim „Ball über die Schnur"-Spiel (siehe Seite 155).

Abb. 250

## Stab (Stange), Schwimmsprosse, Holzreifen (Gymnastikreifen)

### Einsatz

— beim ersten Überwinden des Auftriebs durch Herabtauchen an einem Stab, der senkrecht im Wasser gehalten wird,
— beim Gleiten zum Stab (Gleitziel),
— bei Partnerübungen: Ziehen am Stab in Rücken- und Brustlage,
— bei Delphinsprüngen über einen von zwei Partnern gehaltenen Stab,
— bei Rollen vorwärts an einem von zwei Partnern gehaltenen Stab,
— bei Tauchübungen unter einem Stab hindurch, von einer Seite zur anderen.

Abb. 251     Abb. 252

## Leine, Tau, Schnur

**Einsatz**

- als Sicherheitsmittel zum Abgrenzen des Tiefwasserbereichs, bei Vorschulkindern auch im Lehrbecken selbst,
- zur Begrenzung des Übungsraumes im Lehrbecken,
- bei Delphinsprüngen über eine Leine,
- beim Hangeln an einer straff gespannten Leine,
- bei Rollen vorwärts an einer straff gespannten Leine,
- als Hindernismittel: Über- und Unterqueren einer Leine in verschiedenen Bewegungsformen,
- beim Gleiten zur Leine (Gleitziel),
- beim Tauziehen (siehe Seite 149),
- als Zugmittel: Ein Schüler hält sich an einer Leine fest und wird von seinen Partnern durch das Lehrbecken gezogen.

Abb. 253

## Kleine Tauchringe

**Einsatz**

— bei Tauchübungen,
— als Anreiz zum Öffnen der Augen unter Wasser,
— als „Lenkrad" beim Darstellungsspiel „Autofahrt" (siehe Seite 139),
— beim Ringtennis (siehe Seite 154),
— als Mittel der indirekten Berührung beim Springen ins Lehrbecken.

Abb. 254

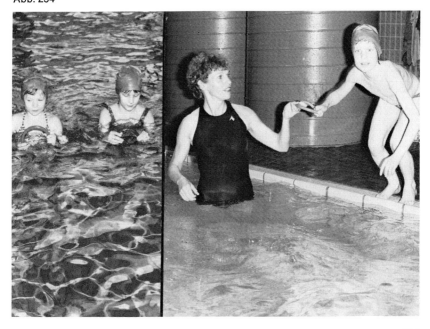

## Schwimmbrett

**Einsatz**

- bei Gleitübungen in Brust- und Rückenlage,
- beim Gleiten zum Brett (Gleitziel),
- als „Boot" beim Darstellungsspiel „Dampferfahrt" (siehe Seite 139),
- die Kinder schieben das Schwimmbrett vor sich her und bewegen sich damit zum ersten Mal allein im brusttiefen Wasser,
- beim Üben der Beinbewegungen für die verschiedenen Schwimmtechniken,
- bei verschiedenen Tauchübungen: z. B. tauchen die Schüler unter das Brett und heben es mit dem Kopf hoch,
- zum Verdeutlichen des Begriffes „Auftrieb",
- zum Vergrößern des Wasserwiderstandes, indem die Kinder das Brett in brusttiefem Wasser quer vor sich herschieben,
- zur Zielangabe beim Springen vom Beckenrand:

    „Wer springt über das Brett?"

    „Wer kann auf das Brett springen?" (Nur bei Styropor-Brettern möglich.)

Abb. 255

## Pull-Buoy

**Einsatz**

- als Spielmittel beim Werfen und Fangen,
- zum Verdeutlichen des Begriffes „Auftrieb",
- zum Üben der Armbewegungen für die verschiedenen Schwimmtechniken,
- beim „Zerrkreis"-Spiel (siehe Seite 138).

Abb. 256

## Korkweste, aufblasbare Armreifen, Schwimmweste

**Einsatz**

— zum Koordinieren der Teilbewegungen,
— als Sicherheitsmittel: für Kleinkinder, deren Stehhöhe geringer als die Tiefe des Lehrbeckens ist.

Abb. 257

## Tischtennisbälle, Flaschenkorken

### Einsatz
- zur Kräftigung der Atmung,
- zur Aufgabenstellung: Eine Menge Korken werden in einen Kreis geworfen. „Wer bringt die meisten Korken zu mir zurück?"

Abb. 258

Abb. 259

## Beckenwand und Treppe

**Einsatz**

— bei allen Übungen aus dem Stand an der Beckenwand und aus dem Sitz auf der Beckenkante,
— bei allen Übungen aus dem Sitz, dem Stütz, dem Hockstand und dem Stand auf der Treppe.

Abb. 260

Abb. 261

# Probleme der Angst beim Schwimmen

**11**

Man kann davon ausgehen, das Psyche und Körper eine Einheit bilden; sie sind zwei nicht voneinander zu trennende Bereiche menschlicher Existenz. Wenn Einwirkungen auf die Psyche stattfinden, wirken diese auf das körperliche Verhalten weiter, wie das auch umgekehrt der Fall ist. Eine mögliche Einwirkung auf Psyche und Körper stellt auch die Angst dar.

## Definition: Angst – Furcht

In der sehr umfangreich vorliegenden Literatur zur Erklärung des Phänomens Angst zeichnen sich verschiedene Definitionen dieses Begriffes ab. Eine einheitliche Theorie über das Entstehen von Angst – abgeleitet vom lateinischen angor = Angst – sowie eine weitläufig akzeptierte Definition mit einer klaren Abgrenzung des Begriffes existieren nicht.

Häufig findet man in der Literatur jedoch eine eindeutige Differenzierung der Begriffe Angst und Furcht. Demnach ist

- Furcht immer objektbezogen als Furcht vor irgend etwas,
- Angst eine mehr ungebundene Furcht, die kein bestimmtes Objekt hat, für die aber möglicherweise alles Objekt der Furcht werden kann.

In jedem Falle ist Angst eine emotionale Reaktion auf eine Gefahrensituation oder auf die Vorwegnahme derselben. Sie wird als unangenehm empfunden und ist von physiologischen Erscheinungen und Veränderungen begleitet. Außerdem ruft sie Änderungen im Verhalten hervor.

## Theorien zur Entstehung der Angst

Die Theorien zur Entstehung der Angst weisen verschiedene Ansätze auf:
- den psychoanalytischen und
- den lern- und verhaltenstheoretischen.

Dem ersteren liegen die Angsttheorien *Sigmund Freuds* zugrunde. Er schreibt der Angst eine Signalfunktion zu. Für ihn ist sie die Antwort des Ichs auf eine drohende traumatische Situation, die eine Gefahrensituation herbeiführt oder herbeiführen kann. Er unterscheidet drei Arten der Angst:

- die Realangst (Angst vor äußeren Gefahren),
- die neurotische Angst (Angst vor triebbedingten Impulsen) und
- die moralische Angst (Gewissensangst, die als Schuldgefühl erlebt wird).

Die Lern- und Verhaltenstheoretiker widersprechen der *Freud*'schen Theorie von der Grund- oder Primärangst, die alle späteren Ängste bestimmt, sondern gehen von der Prämisse aus, daß Angst eine erlernte Verhaltensweise ist, wobei der Lernprozeß nicht unbedingt in der frühen Kindheit stattgefunden haben muß. Sie stützen sich dabei auf experimentelle Untersuchungen.

Es gibt Angstgewohnheiten und Gewohnheitsängste. Die Verhaltenstherapie definiert die Gewohnheit anders als herkömmlich:

„Eine Gewohnheit ist ein bestimmtes Inventar von Reaktionen, die immer durch die gleichen Umstände ausgelöst werden." Die Reaktionen zeigen sich in Gedanken, Gefühlen und Handlungen.

## Merkmale der Angst

Die Angst hat viele Gesichter und unterschiedliche Gewichtigkeiten, die die Sprache so wiedergibt:
- Man fühlt sich unbehaglich,
- man fühlt sich verunsichert,
- man hat Lampenfieber,
- man macht sich Sorgen,
- man fürchtet sich vor irgendetwas,
- man fühlt sich einer Herausforderung oder Aufgabe nicht gewachsen,
- man fühlt sich von lähmender Angst gepackt u. ä.

Beim Auslösen von Angstgefühlen und Angstzuständen treten Reaktionen auf, die von Nerven gesteuert werden. Vom Nervus Sympathicus gehen direkt aus:
- erhöhte Atem- und Pulsfrequenz,
- steigender Blutdruck,
- schwitzende Handflächen,
- Erweiterung der Pupillen,
- Trockenheit im Mund.

Sekundär bewirkt er Reaktionen wie
- Durchfall,
- Übelkeit,
- Erbrechen,
- erhöhte Häufigkeit des Harndrangs,
- allgemeines Ansteigen des Muskeltonus' (Spannungszustand),
- gesteigerte allgemeine Reizbarkeit.

Angst kann auch ein zentraler Ausgangspunkt für eine Vielzahl von Neurosen sein. Aus unnötigen Ängsten können sich unangemessen schwere Folgen herausbilden, die die eigentliche Angst völlig in den Hintergrund treten lassen:
- Verfolgungsvorstellungen,
- starke Unsicherheit im eigenen Rollenverständnis (existentielle Neurose),
- Depressionen,
- zwanghafte Sauberkeit,
- Stottern,
- Asthma,
- Spannungskopfschmerz u. a.

In der Sportausübung treten häufig Erscheinungen von Angst auf wie
- steife, gehemmte Bewegungen,
- starrer Gesichtsausdruck,
- unnatürliches Lachen,
- Wechsel von ängstlichem Gesichtsausdruck und Verlegenheitslächeln,
- die Aussage, Angst (weiche Knie) zu haben (durch verminderte Muskelspannung).

## Angstfördernde psycho-soziale Situationen in der Schule

Im sekundären Sozialisationsbereich, der Schule, sind Kinder und Jugendliche besonderen Gesetzmäßigkeiten und Ansprüchen ausgesetzt, die bei den Betroffenen häufig Angst auslösen. Die jungen Menschen sehen sich konfrontiert mit einem harten Leistungs- und Konkurrenzprinzip, mit bedrohlichen Prüfungssituationen, mit widerstreitenden Lehrerpersönlichkeiten und der Herausforderung, sich im Gruppenverband Schule zu behaupten.

**Leistungsprinzip**

Im Bereich von Schule und Verein sieht das Individuum sich permanent konfrontiert mit Leistungsanforderungen, die zu erfüllen sind. Durch sie wird die Gefahr des Versagens herbeigeführt, und weil damit evtl. eine Bestrafung verbunden ist, werden sie zur unmittelbaren Quelle der Angst.

**Konkurrenzprinzip**

Da es keinen absoluten Maßstab zur Leistungsbeurteilung der Schüler gibt, wird die Leistung eines Schülers immer in Vergleich gestellt zu der anderer. Aus dieser anhaltenden Konkurrenzsituation resultiert eine ständige Angst.

**Prüfungssituationen**

Unmittelbar mit dem Leistungs- und Konkurrenzprinzip verflochten sind Prüfungen. Rechnet ein Schüler vor einer Prüfung mit einem Versagen, so ist er sich der negativen Folgen, die daraus entstehen, durchaus bewußt, z. B. verbaute Chancen und/ oder eine drohende Bestrafung. Durch dieses Bewußtsein erzeugen Prüfungen Beklemmungen und Ängste.

**Lehrerpersönlichkeit**

Die Lehrer spielen bei der Angstentwicklung der Schüler eine bedeutende Rolle. In ihrer Macht liegt es, durch die Anwendung der verfügbaren Belohnungs- und Bestrafungssysteme bei den Schülern das Entstehen von Minderwertigkeitsgefühlen und Ängsten weitestgehend zu verhindern oder hervorzurufen und zu verstärken. Der größte psychologische Effekt muß dabei den verbalen Äußerungen des Lehrers zugesprochen werden. Negativ besetzte Formulierungen wie Vorwürfe, Ermahnungen oder Drohungen haben in der Anwendungshäufigkeit den eindeutigen Vorrang vor den positiven.

**Gruppenverband Schule**

Schule und Verein sind soziale Organisationen mit vorgegebenen Zielen und Strukturen. Für das Individuum werden in der Gruppe Interessen und Motive, Zu- und Abneigung wirksam, also emotional-soziale Beziehungen, aus denen sich eine Hierarchie herausbildet, die stark gekennzeichnet ist vom Prestige-Streben einzelner, die ständig um ihre Position kämpfen.

Bei Nichtanerkennung oder gar Ablehnung können sich Störungen im Selbstwerterleben entwickeln, die als Angst vor dem Urteil der Gruppe zu definieren sind. Folgende Faktoren könne die Anerkennung bzw. Nicht-Anerkennung in der Gruppe bewirken:

– schulische Leistungen,

– sportliche Leistungen,

– soziale Schichtzugehörigkeit,

– Erfolg beim anderen Geschlecht und

– Popularität.

## Die Angst im Sportunterricht

Auch im Sport sind – wie in anderen Lebensbereichen – Leistungsdruck, Konkurrenz und Prüfungssituationen Auslöser von Angstvorstellungen. Da hier aber unvergleichlich häufiger Wettbewerbssituationen herbeigeführt werden, kommt den Faktoren der Nicht-Anerkennung durch die Gruppe eine besondere Bedeutung zu, zumal die Leistungsschwächen unmittelbar sichtbar und für die Gruppe transparent werden. Deshalb entwickelt sich gerade im Sport die Angst vor Mißerfolgen.

In allen Lebensbereichen kommen Erfolge und Mißerfolge vor. Das Individuum erlebt und erleidet sie permanent. Eine angestrebte Leistungszufriedenheit resultiert aus der Übereinstimmung von subjektiver Leistungserwartung und objektiv erbrachter Leistung. Dieses Anspruchsniveau ist die Summe der Erwartungen, Zielsetzungen oder Ansprüche an eine zukünftige eigene Leistung.

Der starke Konkurrenz- und Leistungsdruck im Sport veranlaßt den Schüler, seine Leistungen nicht nur am eigenen Anspruchsniveau zu messen, sondern darüber hinaus in Beziehung zu den Leistungen seiner Mit-Konkurrenten zu setzen. Dadurch wird die Leistung eines Schülers, die seinem Anspruchsniveau entspricht oder dieses sogar überschreitet, dennoch als Mißerfolg empfunden werden, wenn sie unter der Leistung anderer Schüler liegen sollte.

Da der Schüler sich im Sportunterricht fast ohne Unterlaß körperlich darstellen muß, ist die Angst vor Blamage besonders stark vertreten. Sie steht „in enger Beziehung zur Vorstellung, die ein Individuum während des Sozialisationsprozesses von seinem Körper entwickelt" hat. Ist diese Vorstellung abwertend-negativ, so wird auch die Angst dauerhaft empfunden.

Abqualifizierende Bemerkungen und Reaktionen von Mitschülern und Lehrern können Ängste auslösen oder vorhandene verstärken. Die Angst bestimmt dann das Bewegungsverhalten, indem sie es hemmt oder aktiviert.

Auch für den Sportbereich gelten die Theorien über die Funktionsweise der Angst. Sie ist zum einen antriebsfördernd und wirkt dann leistungs- und lernaktivierend, andererseits aber hat sie bei zu starker Intensität einen leistungs- und lernhemmenden Einfluß.

## Die Angst im Schwimmunterricht

Nach jahrzehntelangen Erfahrungen im schwimmpädagogischen Bereich berufen die Autoren sich auf die Erkenntnis, daß eine elementare Angst vor dem Wasser im menschlichen Individuum nicht angelegt ist. Die Angst vor dem Wasser ist bei den vielfältigen Begegnungen mit diesem Element erfahren, erlebt und geprägt worden. Sie wird in unterschiedlicher Dichte und Intensität empfunden und geäußert.

Die Individualität des Menschen, seine Robustheit und Sensibilität reflektieren Kontakterlebnisse mit dem Wasser verschiedenartig. Schwerwiegende Negativ-Erlebnisse mit dem Wasser, die zu einem Vor-Erleben des Ertrinkungstodes geführt haben, bewirken bei den meisten Menschen bis ans Lebensende einen von Angst geprägten Umgang mit dem nassen Element. Einige überwinden jedoch dieses Schockerlebnis und finden ein unverkrampftes, weitgehend angstfreies Verhältnis zum Wasser.

---

Literatur: Marion Boisen: „Angst im Sport", Gießen 1975, Kurt Wilke: „Anfängerschwimmen", Reinbek 1979, Dieter Graumann/Wolf Pflesser: „ Referate-Sammlung", Flintbek 1992.

Im Rahmen der Ängste im Sportunterricht besitzt die Angst vor dem Wasser vielfach einen eigenständigen Charakter. Oft sind es gerade die im übrigen Sport ängstlichen Schüler, die hier ihr Element gefunden haben. Umgekehrt können mutige, leistungsfähige Sportler im Wasser eher vorsichtig, zurückhaltend und ängstlich agieren.

Als Beispiel mag ein Schüler dienen, der sich als geübter Fußballspieler während des Spiels auch von Älteren nicht beeindrucken läßt, wenn er den Ball mutig mit seinem Körper abschirmt oder in seinen Gegner hineingrätscht, um ihm den Ball abzunehmen. Im Schwimmbad hält sich derselbe Junge von seinen herumtollenden Mitschülern entfernt in der Nähe des Beckenrandes auf, um sich schnell in Sicherheit zu bringen, wenn sich einer von ihnen nähert.

Verschiedene Formen der Angst treten immer wieder im Schwimmunterricht auf, teilweise später noch bei erfahrenen Schwimmern. Sie werden hier aufgezeigt, analysiert und mit Beispielen und geeigneten Maßnahmen zum Abbau der Angst versehen. Im einzelnen werden folgende Erscheinungsbilder der Angst beim Schwimmen in dieser Weise aufgearbeitet:

1. Die Schwellenangst,
2. die Angst vor den unbekannten Räumlichkeiten der Schwimmanlage,
3. die allgemeine Angst vor dem Wasser,
4. die Angst vor ungewohnten Eigenschaften des Wassers,
5. die Angst vor dem Schwimmen im Tiefwasser,
6. die Angst des Nichtschwimmers vor dem Ertrinken,
7. die Angst vor neuen Aufgaben,
8. die Angst vor Personen,
9. die Versagensangst,
10. die Angst vor Krankheiten.

**Die Schwellenangst**

Sie ist die allgemeine Angst vor dem Neuen, Fremden, Ungewohnten und scheinbar Bedrohlichen. Auf sie würde die Definition Heinrich Roth's zutreffen: „Angst ist mehr ungebundene Furcht, die kein bestimmtes Objekt hat, für die aber möglicherweise alles Objekt der Furcht werden kann." Sie tritt auf bei jeder Art von Neuanfang und ist deshalb nicht auf das Schwimmen und sein Umfeld beschränkt.

Beim Schwimmen finden wir sie bei beginnenden Kursen, bei Neuzugängen im Verein oder in der Übungsgruppe und beim Wechsel der Übungsstätte oder der Trainingsgruppe. Drei Beispiele mögen dies verdeutlichen:

– Der Verein hat einen Anfängerschwimmkurs ausgeschrieben und die Neulinge zu einer bestimmten Zeit vor das Bad bestellt. Bei der Anwesenheitskontrolle fehlen einige Teilnehmer. Zufällig bemerkt der Übungsleiter einen Jungen, der beobachtend weit abseits steht, die Sporttasche mit beiden Händen fest an den Körper gedrückt. Er geht auf ihn zu und spricht ihn an – es ist einer der Neulinge.

– Eine Frau hat sich telefonisch bei der Übungsleiterin zur Teilnahme an einem Kurs für Wassergymnastik angemeldet. Trotz genauer Information über die Lage der Schwimmstätte, die Teilnehmer sowie die organisatorischen Bedingungen erscheint sie nicht. Drei Monate später kommt sie mit einer Freundin. Nach weite-

ren vier Übungsstunden vertraut sie der Kursleiterin an, sie hätte damals im Auto vor der Schwimmhalle gesessen, sich jedoch nicht hineingetraut.
- In einem nach Leistungsgruppen aufgebauten Verein hat ein Schüler das Ziel des Kurses erreicht und soll und will in den nächsthöheren Kurs aufsteigen, der jedoch in einem Bad durchgeführt wird, das in einem anderen Stadtteil liegt. Dort erscheint er aber zwei Wochen lang nicht. Auf die Nachfrage des Übungsleiters hin erklärt die Mutter des Schwimmers, ihr Sohn klagte gerade an den Trainingstagen über heftige Bauchschmerzen und sei deshalb daheim geblieben.

Mit solchen oder ähnlichen Einstiegsängsten wird der Vereinsübungsleiter regelmäßig konfrontiert. Die Möglichkeiten, hier Abhilfe zu schaffen, wurden in den Beispielen bereits angedeutet:
- Im ersten entdeckte der Übungsleiter den schüchternen Schüler; es gelang ihm durch persönliches Ansprechen, den Jungen in die Gruppe zu integrieren. In einem Brief hätte er die Eltern auch bitten können, ihre Kinder zur ersten Schwimmstunde zu begleiten.
- Im zweiten Beispiel wurde die neue Teilnehmerin umfassend informiert. Trotzdem treten bei Erwachsenen und besonders bei älteren Menschen immer wieder Ängste auf. Durch den Vorschlag, eine Bekannte oder Verwandte zur Übungsstunde mitzubringen, könnte hier vielleicht geholfen werden.
- Das dritte Beispiel ist ähnlich gelagert wie das erste. Die Angst vor der unbekannten, evtl. drohenden Gefahr könnte dem Jungen durch die Begleitung der Eltern oder älterer Geschwister genommen werden. Oft genügt es bereits, wenn mehrere Schwimmer zugleich in die weiterführende Gruppe wechseln oder wenn der Übungsleiter der abgebenden Gruppe beim Wechsel selbst zugegen ist.

**Die Angst vor den unbekannten Räumlichkeiten**

Aus der Sicht des Schwimmschülers stellt der erste Besuch im Schwimmbad ein Wagnis dar, denn viele fremde Gegebenheiten und unbekannte Umstände türmen sich vor ihm auf:
- die weiträumige Halle,
- die große Wasserfläche,
- die rutschig-glatten Bodenfliesen,
- die ungewohnte Akustik,
- die fremdartigen Gerüche,
- die neuen Bezugspersonen,
- die fremden Mitschüler im Kurs.

Babies, Vorschulkinder, ängstliche Grundschulkinder und Senioren sind von diesen Ängsten in hohem Maße betroffen; sie fühlen sich in der neuen Umgebung unsicher und glauben, schon den ersten Erwartungen und Forderungen nicht gewachsen zu sein. Ängstlich beobachten sie, wie andere Gruppenmitglieder die auf sie einstürmenden Schwierigkeiten zu bewältigen suchen.

Daher kommt der Vorbereitung der ersten Schwimmstunde eine besondere Bedeutung zu. Um seinen Schülern entsprechende Hilfen geben zu können, muß der Übungsleiter selbst mit den örtlichen Gegebenheiten vertraut sein. Er muß um die Ängste wissen und muß versuchen, sie durch gezielte Informationen abzubauen.

*Mehr Kenntnisse führen zu mehr Sicherheit!*

Eingedenk dieser These vermittelt der Lehrer in der ersten Unterrichtsstunde gezielte Informationen
- über die für den Besuch der Schwimmstätte erforderlichen Bade-Utensilien,
- über die Räumlichkeiten und funktionellen Gegebenheiten der Schwimmanlage,
- über die Schwimmhalle selbst unter Berücksichtigung besonderer Gefahrenpunkte,
- über die Gruppenmitglieder durch Vorstellungsspiele o. ä.

Natürlich muß er auch in weiteren Unterrichtsstunden noch helfend eingreifen, bevor alle Teilnehmer ihre Ängste durch den Erwerb fester Gewohnheiten und Verhaltensweisen beim Aufenthalt im Bad abgebaut haben und sich entspannt und konzentriert mehr und mehr den Lehrinhalten zuwenden können.

**Allgemeine Angst vor dem Wasser**

Bei manchen Schwimm-Anfängern zeigt sich eine nicht differenzierte allgemeine Angst vor dem Wasser, die in entsprechenden Verhaltensäußerungen sichtbar wird. Sie hat ihre Ursachen in vielfältigen früheren Begegnungen mit dem Element, die zu einer negativen Einstellung führten.

Beispiele für die Entwicklung solcher Ablehnungsängste gibt es viele:
- Das tägliche Baden und Waschen des Babys und Kleinkinder war hastig und lieblos.
- Das Badewasser war häufig zu heiß oder zu kalt.
- Seife gelangte in die Augen und in den Mund und wurde als unangenehm empfunden.
- Kleinkinder wurden von den Eltern und Großeltern immer wieder in unangemessener Weise vor den Gefahren des Wassers gewarnt.
- Sobald das Kind sich in seiner natürlichen Neugier einem Gewässer näherte, wurde es von seinen Eltern, die evtl. selbst des Schwimmens unkundig waren, heftig zurückgerissen. Im Bewußtsein des Kindes verbanden sich künftig Wasser, grobe Zurechtweisung und körperlicher Schmerz zu einer höchst negativen Konstellation.
- Ein Kind ist Zeuge eines Unfalls geworden, bei dem ein Spielpartner ins Wasser gefallen ist und dramatisch geborgen werden mußte.
- Kleine Kinder orientieren sich häufig noch am Mienenspiel der Eltern. Deren übertriebene Angstäußerungen können den Grundstein für eine notorische Wasserablehnung legen.

Die durch Umwelteinflüsse geprägte Wasserscheu äußert sich im Rahmen des Schwimmunterrichts am häufigsten
- in der Weigerung, überhaupt ins Wasser oder zum Schwimmunterricht zu gehen,
- in der Weigerung, sich vom Beckenrand oder von der Treppe des Lehrbeckens zu lösen,
- in einer völligen Verkrampfung oder
- in der Weigerung, selbst an einfachsten Übungen teilzunehmen.

Oft werden diese Verhaltensweisen von Kopf- oder Bauchschmerzen, Übelkeit, Harndrang und Atemnot begleitet.

Zum Abbau der Angst können unter anderem auch verschiedene Differenzierungsmaßnahmen herangezogen werden, z. B.:
- Das Kind spielt am Rand oder an der Treppe mit eigenen Spielsachen. Es bestimmt selbst, wie weit es sich ins Wasser wagt.
- Ein guter Freund kümmert sich um das ängstliche Kind und gibt Hilfestellung bei den Übungen der Wassergewöhnung.
- Der Lehrer selbst holt das Kind zu einfachen Übungen in die Gruppe zurück, bleibt als Vertrauensperson jedoch in unmittelbarer Nähe, evtl. mit Handfassung.
- Spielerische Übungen in der Gruppe können das Kind zu Leistungen anspornen, die es allein nicht geschafft hätte.
- Viele wasserscheue Anfänger gelangen durch das Beobachten anderer Gruppenmitglieder zu eigenem Vollzug.

**Die Angst vor den ungewohnten Eigenschaften des Wassers**

Das Wasser ist ein Element, mit dessen fremden physikalischen Eigenschaften viele Schwimm-Anfänger noch keine Erfahrungen gesammelt haben. Oft reagieren sie mit Beklemmung und Angst auf Nässe, Kälte, Druck, Schwerelosigkeit und Wasserwiderstand. Die Badezusätze Chlor und Salz sowie der manchmal von der hautfreundlichen Verträglichkeit abweichende pH-Wert lösen unangenehme Reize in den Schleimhäuten von Nase und Augen aus.

Viele Anfänger erfahren bereits vor ihrem ersten Schwimmbadbesuch etwas über die oben genannten Reize, oft genug jedoch mit einem negativen Akzent besetzt. Dadurch werden in ihren Vorstellungen Ängste ausgelöst, die der Realität in keiner Weise entsprechen.

Konkret stellen sich die Wassereigenschaften wie folgt dar:
- Das Wasser läuft als Flüssigkeit in alle Körperöffnungen hinein und löst im Nasen-Rachen-Raum, in den Gehörgängen und in den Augen unangenehme Reizungen aus, die durch die Badezusätze und den oft von der Norm abweichenden pH-Wert in vielen Schwimmanlagen noch verstärkt werden,
- es löst auf Fliesen Glätte und Rutschgefahr aus, die besonders behinderten und unsicheren Menschen gefährlich werden können,
- es führt durch die Verdunstungskälte leicht zum Frieren,
- es engt durch den hydrostatischen Druck die Atmung schwacher Kinder und auch älterer Menschen ein und ruft dadurch Platzangst hervor,
- es bringt durch den Auftrieb und die damit verbundene Schwerelosigkeit für viele Anfänger Gleichgewichtsprobleme sowie durch die geringere Bodenhaftung der Füße auch Schwierigkeiten in der Fortbewegung mit sich,
- es behindert schließlich die Fortbewegung durch seinen Widerstand und fordert von jedem Anfänger die Anpassung seiner Bewegungen.

Der Schwimmlehrer und Übungsleiter verfolgt das pädagogische Ziel, seine Anfänger im Rahmen der Wassergewöhnung mit den Bedingungen vertraut zu machen und sie zum unverkrampften und weitestgehend angstfreien Umgang mit diesen zu führen. Er spricht die Schwierigkeiten konkret an und gibt sogleich praktische Hilfen wie
- „Der Boden des Lehrbeckens ist glatt; wir fassen uns deshalb an und gehen gemeinsam zur gegenüberliegenden Seite." oder:

– „Wir gehen langsam und rutschen dabei mit den Füßen auf dem Boden entlang – wie beim Schlittschuhlaufen!"

Im gemeinschaftlichen Erfahren des Wassers und seiner fremden Eigenschaften bauen sich bei geduldiger Hilfestellung Beklemmungen, Vorurteile und Ängste erfahrungsgemäß schnell ab.

### Die Angst vor dem Schwimmen im Tiefwasser

Erfahrungsgemäß stellt der Wechsel des Übungsraumes vom flachen ins Tiefwasser eine bedeutende psychische Hürde dar, die nicht jeder Anfänger ohne Schwierigkeiten überwindet. Hier werden methodisches Geschick und pädagogisches Feingefühl vom Übungsleiter verlangt, um dem Schüler, der im Flachwasser schwimmfähig ist, den Übergang in das Tiefwasser zu erleichtern.

Besonders tief sitzende Ängste entwickeln häufig Anfänger, die auch in anderen Lebensbereichen allgemein als ängstlich eingestuft werden, sowie Erwachsene, die erst im fortgeschrittenen Alter das Schwimmen erlernen. Beide Gruppen verweigern oft nachhaltig alle Versuche des Übungsleiters, sie zum Schwimmen im Tiefwasser zu bewegen, obwohl sie in der Lage sind,
- eine oder mehrere Bahnen im Lehrbecken zu schwimmen,
- nach dem Abstoß von der Wand und Gleiten mit dem Kopf im Wasser den Kopf anzuheben und bis zum Ende der Bahn im Flachwasser weiter zu schwimmen,
- sich vom Rand des Lehrbeckens abzustoßen, sechs Meter zurückzulegen und mit einer Rechts- oder Linkskurve zum Rand zurückzuschwimmen,
- ins brusttiefe Wasser zu springen, völlig unterzutauchen, sich vom Boden abzustoßen und weiter zu schwimmen oder
- nach einem Delphinsprung an die Oberfläche zu gleiten und in die Schwimmbewegungen überzugehen.

Ein Großteil der Anfänger ist – psychisch und schwimmerisch durch die Bewältigung der Vorübungen gestärkt – bereit, die Gewöhnungsübungen für das Tiefwasser ohne Beklemmungen anzugehen. Bei einigen jedoch verschwindet die Angst vor dem Tiefwasser nie vollkommen; sie kann als sogenannte Tiefenangst beim Schwimmen in besonders hellem, klarem und tiefsichtigem Wasser wieder auftreten.

Verschiedene didaktische und methodische Möglichkeiten bieten sich an, den Schwimmschülern die Angst vor dem Tiefwasser zu nehmen oder diese erst gar nicht entstehen zu lassen:
- Schwimmen über Eck *(siehe Abb. 262)*,
- Schwimmen vom Tiefen in den Flachwasserbereich *(siehe Abb. 263)*,
- Schwimmen mit Rettungsstange *(siehe Abb. 264)*,
- Schwimmen entlang der Beckenkante *(siehe Abb. 265)*,
- Schwimmen mit Auftriebshilfen *(siehe Abb. 266)*,
- Schwimmen an einer straff gespannten Leine *(siehe Abb. 267)*,
- Tiefwasserschwimmen mit dem Lehrer.

### 1. Schwimmen „über Eck"

Der Anfänger löst sich von einer Seite des Tiefwasserbeckens und schwimmt zunächst nur kurze, mit zunehmendem Selbstvertrauen immer länger werdende Strecken „über Eck" zur angrenzenden Seite *(Abb. 262)*.

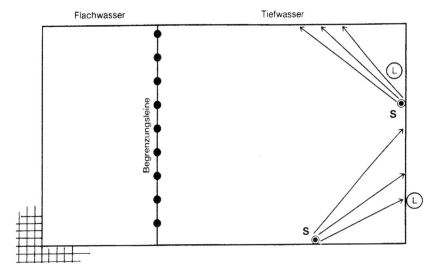

Abb. 262: Schwimmen über Eck.

## 2. Schwimmen vom Tiefen in den Flachwasserbereich

Der Anfänger schwimmt von einer Einstiegsleiter im Tiefwasser oder von der dortigen Längsseite des Beckens zunächst kurze, dann mit zunehmendem Können immer ausgedehntere Strecken in den Flachwasserbereich, in dem er sich sicher fühlt. Dabei entfernt er sich immer weiter von der Beckenkante *(Abb. 263)*.

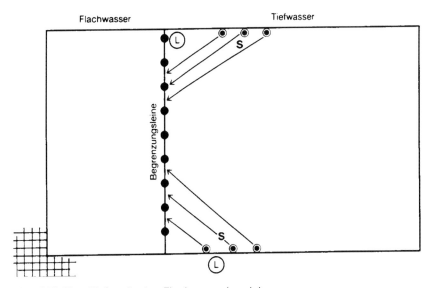

Abb. 263: Vom Tiefen- in den Flachwasserbereich.

### 3. Schwimmen mit Rettungsstange

Der Anfänger startet im Flachwasserbereich und schwimmt, etwa einen Meter vom Beckenrand entfernt, ins Tiefwasser. Dabei bleibt er stets parallel zum Rand. Der Lehrer hält eine Rettungsstange vor dem Übenden immer in greifbarer Entfernung. Sobald der Anfänger unsicher wird, Konditionsschwächen zeigt oder Wasser schluckt, kann er diese Stange ergreifen und sich vom Lehrer an den sicheren Rand ziehen lassen. Auf diese Weise wird der Übende entweder die Zahl seiner Schwimmzüge erhöhen oder im Zuge gesteigerter Fähigkeiten die Schwimmstrecke verlängern *(Abb. 264)*.

### 4. Schwimmen entlang der Beckenkante

Besitzt das Tiefwasserbecken einen „finnischen Überlauf", bei dem das Wasser die Beckenkante überspült *(Abb. 265)*, oder eine „Frankfurter Rinne" in Wasserspiegelhöhe oder knapp darüber, kann der Anfänger selbständig am Beckenrand entlangschwimmen und sich im Falle aufkommender Angst oder Konditionsschwäche an der Überlaufrinne festhalten.

### 5. Schwimmen mit Auftriebshilfen

Es gibt verschiedene Auftriebshilfen, die einen Anfänger bei seinen ersten Versuchen im Tiefwasser Sicherheit geben können. Mit zunehmendem Selbstvertrauen des Übenden kann die Auftriebskraft reduziert werden, indem der Lehrer

– die Zahl der Einzelteile einer Korkweste vermindert,

– die Luft aus dem Nesselkissen mehr und mehr herausdrückt,

– die Luft aus den Oberarm-Schwimmhilfen entweichen läßt oder

– die Zahl der Scheiben einer Delphin-Schwimmhilfe reduziert *(Abb. 266)*.

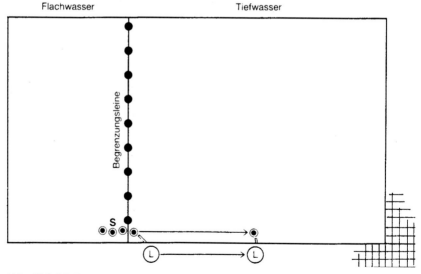

Abb. 264: Mit Rettungsstange.

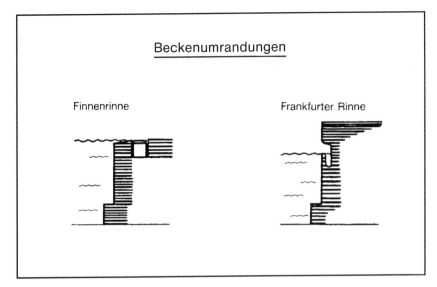

Abb. 265: Entlang der Beckenkante.

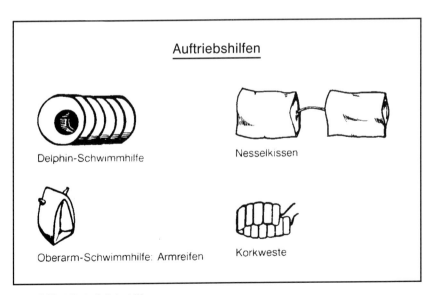

Abb. 266: Mit Auftriebshilfen.

## 6. Schwimmen entlang einer straff gespannten Leine

Quer durch das Schwimmbad wird von Einstiegsleiter zu Einstiegsleiter eine Leine straff an der Wasseroberfläche gespannt. An dieser Leine schwimmt der Anfänger entlang. Dabei hat er ständigen Schulterkontakt zu ihr. Im Falle aufkommender Angst oder bei Konditionsschwächen kann er sich daran festhalten. Um dem Schüler Vertrauen in die Festigkeit der Leine zu geben, sollte der angehende Schwimmer sich vor dem ersten Schwimmversuch an ihr zur anderen Seite hangeln. Zusätzliche Sicherheit kann der Lehrer ihm geben, wenn er ihn bei seinen ersten Versuchen im Wasser begleitet *(Abb. 267)*.

## 7. Tiefwasserschwimmen mit dem Lehrer

Der Anfänger startet vom Flachwasser, von einer Einstiegsleiter oder von der Beckenwand zusammen mit seinem Lehrer in den Tiefwasserbereich. Der betreuende Lehrer dient ihm als „kleine schwimmende Insel", die er bei aufkommender Angst immer wieder ansteuern kann. Der methodische Weg führt über wenige Schritte zum freien Schwimmen im Tiefwasser:

- Der Anfänger hält sich an den Schultern des Lehrers fest, läßt sich durch das Wasser ziehen und führt selbst nur die Beinbewegungen aus.
- Sobald seine Angst vor dem Tiefwasser zurückgegangen ist, setzt er zusätzlich die Bewegungen der Arme ein und löst sich für wenige Gesamtbewegungen im Brustschwmmen von seiner Bezugsperson, die ständig langsam vor dem Übenden schwimmt und sich auf diese Weise permanent als Hilfe anbietet, auf die der Anfänger bei aufkommender Angst zurückgreifen kann.
- Inzwischen hat dieser sich weiter verbessert. Sein Lehrer schwimmt zur Sicherheit neben ihm und kann sofort eingreifen, sobald es erforderlich ist.
- Schließlich kann sich der Anfänger vollkommen selbständig im Tiefwasser bewegen.

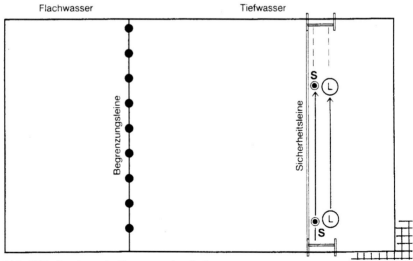

Abb. 267: An einer straff gespannten Leine.

*Schwimmen nach einem Sprung ins Tiefwasser*

Auch das Schwimmen nach einem Sprung ins Tiefwasser ist für einige Kinder problematisch. Nur das methodische Vorgehen in kleinen Schritten macht es möglich, daß auch diese Anfänger den Sprungbedingungen für eines der Schwimmabzeichen werden entsprechen können.

Drei Voraussetzungen sollte jedes Kind vor seinem ersten Sprung ohne Hilfe erfüllen:

- Es sollte im bauch- bis brusttiefen Wasser nach einem Delphinsprung an die Wasseroberfläche steuern und ohne Unterbrechung mindestens sechs Meter schwimmen können.

- Es sollte in der Lage sein, nach einem Sprung in brusttiefes Wasser sofort mit dem Gesicht einzutauchen, sich vom Boden abzustoßen und ohne Unterbrechung sechs Meter koordiniert zu schwimmen.

- Es sollte seine Scheu vor dem Tiefwasser weitgehend überwunden haben und in diesem Bereich schwimmen können.

Bei diesen Voraussetzungen kann der Lehrer mit dem methodischen Weg zum Schwimmen nach dem Sprung ins Tiefwasser beginnen.

Der Anfänger hält sich an einer Rettungsstange fest, die der Lehrer ihm reicht, springt von der Beckenkante ins Wasser, läßt die Stange los und schwimmt selbständig zum Beckenrand zurück *(Abb. 268)*. Besonders ängstliche Kinder kann der Lehrer nach den ersten Sprungversuchen mit Hilfe einer Stange an den Beckenrand ziehen.

Später springt der Anfänger ohne Hilfe ins Tiefwasser und schwimmt zum Beckenrand. Die Rettungsstange gibt nur noch psychologische Hilfe: „Wenn du Angst be-

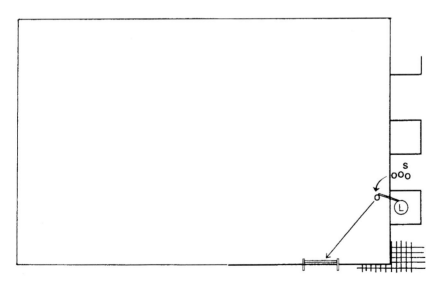

Abb. 268: Sprung ins Tiefwasser.

kommst, führe ich die Stange an deine Hand, und du ergreifst sie und läßt dich von mir an den Rand ziehen."

Die Sprunghöhe wird erst vergrößert, wenn der Anfänger sicher vom Beckenrand springen und nach dem Auftauchen zügig an den Beckenrand zurückschwimmen kann. Ist er erst einmal so weit fortgeschritten, wird er auch ohne Schwierigkeiten vom Startblock und später vom 1-m-Brett ins Tiefwasser springen.

*Allgemeine Hinweise zum Springen:*
- Atme vor dem Springen tief ein!
- Halte die Luft an, bis du wieder an die Oberfläche aufgetrieben bist!
- Erst dann beginne mit dem Schwimmen!
- Halte dich beim Springen gerade!
- Schaue nie nach unten auf den Wasserspiegel!
- Schließe beim Eingleiten ins Wasser die Beine!
- Halte die Arme beim Eintauchen am Körper!
- Strecke während des Sprunges deine Zehen möglichst weit nach unten!

*Schwimmen in undurchsichtigem Wasser*
Viele Schwimmer reagieren mit Angst auf vermeintliche Gefahren beim Schwimmen in undurchsichtigem, trübem Wasser. Sie können plötzlich in Panik und Atemnot und dadurch in akute Lebensgefahr geraten. Meist wissen die Schwimmer um ihre Angst. Sie sollten daher trübe Gewässer meiden und nie auf die Begleitung eines guten Mitschwimmers verzichten.

**Die Angst vor dem Ertrinken**
Der Lebensraum des Menschen ist auf dem Lande angelegt. Dennoch entwickelt das menschliche Individuum schon früh einen natürlichen Umgang mit dem Element Wasser, der je nach Situation und Umständen von Selbstverständnis, Hingezogensein oder Vorsicht geprägt ist.

Diese natürliche, unverkrampfte Haltung ändert sich jäh durch lebensbedrohende Negativerlebnisse, die dem Menschen in jedem Alter begegnen können und Ursachen sind für die Entwicklung einer tiefen Angst vor dem Wasser, die in einer notorischen Ertrinkungsangst gipfeln kann. Solche Erlebnisse müssen objektiv nicht so dramatisch verlaufen, werden aber vom Betroffenen so empfunden und in die Erinnerung aufgenommen:

- Ein Baby wird gebadet. Während einiger Augenblicke der Ablenkung, in denen sich die Mutter umdreht und nach einem Badelaken greift, taucht das Baby unter und ist nicht in der Lage, sich an die rettende Oberfläche zu bewegen. Todesangst und tiefer Schock befallen das Kind, bevor die Mutter es wieder aufnehmen kann. Regelmäßig wird sich diese Angst wieder einstellen, sobald das Baby mit dem Wasser in dieser Weise in Berührung kommt.
- Kinder spielen an einem Teich, lassen Boote schwimmen oder werfen Steine ins Wasser. Ein Dreijähriger verliert das Gleichgewicht, fällt ins flache Wasser, gerät in Panik und ist selbst im flachen Wasser nicht mehr in der Lage, sich wieder aufzurichten. Er wird durch seine Spielkameraden gerettet, sträubt sich jedoch von diesem Tag an, auch nur in die Nähe eines Gewässers zu gehen.
- Eine junge Frau läßt sich, obwohl sie nicht schwimmen kann, zu einer Ruderbootfahrt auf einem See einladen. Bei einem ungeschickten Platzwechsel kentert das

Boot. Die Frau kann zwar gerettet werden, entwickelt aber fortan eine panische Angst vor dem Wasser.

Schwimm-Anfänger, die mit derlei traumatischen Erinnerungen belastet sind, tun sich beim Schwimmenlernen meist recht schwer. Der Übungsleiter muß in besonderem Maße um das Vertrauen gerade dieser Anfänger ringen. Die direkte Zuwendung, Geduld und Einfühlungsvermögen sind gefordert.

Die Angst und ihre Ursachen müssen offen angesprochen werden. Manchmal jedoch liegt das auslösende Erlebnis außerhalb des Erinnerungsbewußtseins. Neben einer guten Vertrauensbasis spielt das allgemeine Lernumfeld gerade für ängstliche Schüler eine wichtige Rolle. Anzustreben sind:

- kleine Unterrichtsgruppen,
- angenehme Wassertemperatur,
- ruhige, gelöste Atmosphäre,
- Akzeptanz durch die Gruppe,
- eventuell Einzelunterricht und
- Verfügbarkeit mannigfaltiger Schwimmhilfen.

**Die Angst vor neuen Aufgaben**

Im Schwimmunterricht werden die Schüler bei jeder Lektion mit neuen Aufgaben konfrontiert. Die kleinlaute Äußerung: „Das kann ich nicht!" oder: „Das schaffe ich nie!" läßt die Ängste ahnen, die manche Anfänger bei der Bewältigung neuer Übungen und Aufgaben überwinden müssen.

Die Angst vor den physikalischen Eigenschaften kann erneut lebendig werden bei Übungsteilen wie

- dem Öffnen der Augen unter Wasser,
- dem Ausatmen unter Wasser durch Mund und/oder Nase,
- der Rolle vorwärts,
- dem Handstand im Wasser oder
- dem Tieftauchen.

Neben Bewältigungsängsten werden auch solche vor zu erwartenden Schmerzen wirksam. Sie hemmen die freie Übungsbereitschaft empfindlich. Häufig treten sie auf

- vor Kopfsprüngen,
- vor Sprüngen vom 1-m- oder 3-m-Brett,
- vor Tauchübungen und besonders
- vor Tauchübungen mit geöffneten Augen.

Zu den Ängsten vor technischer Aufgabenbewältigung und den vor körperlichen Schmerzen treten noch solche hinzu, die ganz allgemein auf die eigene körperliche Unversehrtheit und Sicherheit gerichtet sind und sich beispielsweise in diesen Fragen ausdrücken:

- „Wie komme ich in den sicheren Stand zurück, wenn ich mich im Wasser auf den Rücken oder auf den Bauch lege?"
- „Was mache ich, wenn ich nach dem Sprung tief ins Wasser eintauche?"
- „Komme ich überhaupt wieder nach oben, wenn ich beim Tauchen Luft ausatme?"

Solche Ängste sind in allen Altersstufen erkennbar. Der einfühlsame Lehrer erkennt Angstgefühle auch dort, wo sie krampfhaft verborgen werden. Er versucht andererseits, Ängste erst gar nicht entstehen zu lassen und aufkommendes Unbehagen zu beseitigen, indem er

- Ängste versteht und sie mit den Anfängern löst,
- den Schülern Einblick in seine methodischen Maßnahmen gibt,
- jede Übung in einer methodischen Reihe gründlich vorbereitet,
- Verhaltensregeln vor der Ausführung neuer Übungen gibt,
- den Schülern Mut zuspricht und eventuelle Ängste zerstreut,
- durch Lob den Wunsch nach Wiederholung der Übung weckt und
- zum rechten Zeitpunkt angemessene materielle und psychologische Hilfen einsetzt.

**Die Angst vor Personen**

Die Angst vor Einzelpersonen oder vor ganzen Gruppen kennen wir aus dem gesamten Umfeld des Menschen. Sie ist nicht auf den Bewegungsraum Wasser beschränkt und faßt unterschiedliche Ängste zusammen:

- die Angst vor zu vielen Menschen auf relativ engem Raum,
- die Angst vor der äußeren Erscheinung fremder Kontaktpersonen,
- die Angst vor einzelnen Gruppenmitgliedern,
- die Angst vor Personengruppen,
- die Angst vor der Lehrperson.

*Zu viele Menschen auf relativ engem Raum*
können sogar bei sicheren Schwimmern Platzängste auslösen. Lärm, Raummangel, unruhigs Wasser, die Einengung des persönlichen Sicherheitsabstandes, nicht vorhersehbare Aktionen und Reaktionen der Badenden sowie befürchtete Mutwilligkeiten lassen unsichere Schwimmer – Kinder wie Erwachsene – vor dem Betreten des Beckens zurückschrecken. Unschlüssig sieht man sie auf den Ruhebänken sitzen, evtl. einen Versuch wagend, die Einstiegsleiter hinabzuklettern, um vorsichtig am Rand entlangzuschwimmen, diesen Versuch jedoch schnell wieder abbrechend, um schließlich ohne den gewohnten entspannenden Wasseraufenthalt die Schwimmanlage wieder zu verlassen.

Anordnungen und Verbote wie

- Kraulen verboten!,
- Rückenschwimmen verboten!,
- Bitte nur Längsbahnen schwimmen!,
- Springen verboten!,

mit denen in öffentlichen und privaten Bädern der Schwimmeister die Interessen der unsicheren Schwimmer zu vertreten glaubt, sind dem Badebetrieb insgesamt nicht immer dienlich.

Geschickter wäre es, eine Bahn für „Ruhigschwimmer" abzutrennen oder in jeder Stunde für jeweils 15 Minuten das 1-m-Brett zum Springen freizugeben und in dieser Zeit Aufsicht an der Sprunganlage zu führen und keinen Schwimmer in den Eintauchbereich hineinzulassen.

Ängstliche Schwimmer sollten die von den Kommunen angebotenen Spiel- und Tummelnachmittage meiden und Frauen- oder Seniorenbadestunden wahrnehmen. Auf Vereinsebene hat man sich gleichermaßen auf deratige Nöte und Ängste eingestellt und Leistungs-, Alters- und Neigungsgruppen gebildet, innerhalb derer der Unterricht gar bis zur Einzelzuwendung für den ängstlichen Nichtschwimmer differenziert werden kann.

*Die äußere Erscheinung fremder Kontaktpersonen*
schreckt manches „fremdelnde" Kind im Baby- oder Kleinkindalter ab. Es verkrampft, verkriecht sich bei Vater oder Mutter und weint. Geduld und behutsames Vorgehen sind hier vonnöten. Zu Anfang wird man daher zwischen den einzelnen Erwachsenen-Kind-Paaren einen größeren „Sicherheitsabstand" einhalten und erste Kontakte zueinander auf Distanz aufnehmen. Erfahrungsgemäß verlieren die fremden Erwachsenen für die Kinder schnell an Schrecken und werden bald ganz natürlich in den großen Aktionskreis integriert.

*Die Angst vor einzelnen Gruppenmitgliedern*
im Kindesalter ist seltener gegeben. Sie resultiert meist aus deren bedrohlich erscheinendem Verhalten während der gemeinsamen Wasserspiele. Lautes, wildes, aggressives Gebaren, Neckereien, boshafte Mutwilligkeiten sowie das bewußte Ärgern und Hänseln anderer Kinder in der Gruppe können bereits in der ersten Schwimmstunde bei manchen Kindern Ängste auslösen. Hier muß der Übungsleiter vorsorglich eingreifen und den verhaltensauffälligen Schüler zurechtweisen oder auf seine Eltern entsprechend einwirken.

*Manchmal können ganze Personengruppen*
im Bade- und Schwimmbetrieb Beklommenheit und Angst hervorrufen. Der verantwortliche Übungsleiter wird zu psychologischen und pädagogischen Maßnahmen greifen, um dem entgegenzuwirken. Das können sein:
– gemeinsames Üben in der Gruppe oder in Partnerarbeit mit Hinweisen auf die gemeinsame Verantwortung,
– gezielte Entwicklung von Zusammengehörigkeitsgefühl,
– besondere Zuwendung für die ängstlichen Schüler und deren Sicherheit,
– Befolgen eines festen organisatorischen Rahmens, der auch die mutwilligen Schüler konsequent einbindet.

*Die Angst vor der Persönlichkeit des Lehrers*
kann bei Kindern und Jugendlichen auftreten. Seltener befällt sie Erwachsene und Senioren. Sie resultiert aus dem Lehrverhalten des Übungsleiters:
– Zu große Strenge, verbunden mit vermeintlichen Ungerechtigkeiten, löst bei den Schülern Unsicherheit, Beklemmung, Abneigung und Angst aus.
– Dauernde tadelnde Zuwendung stimmt die betroffenen Schüler mutlos; eine Aussicht auf Lob und Integrität scheint nicht gegeben.
– Zu heftiges, bestimmtes, unnachgiebiges und autoritäres Auftreten der Lehrperson fördert die Angstbereitschaft der Schüler erheblich.

Diese Ängste schwinden bei den Schülern, sobald sie sich an Auftreten und Art des Lehrers gewöhnt und ihre anfänglichen Beklommungen als unbegründet erkannt haben; besonders dann, wenn sie motivierende Lernfortschritte feststellen konnten.

Lehrer und Übungsleiter sollten immer bemüht sein, gerade bei neuen Gruppen freundlich und vertrauensgewinnend aufzutreten und ihr Verhalten stets objektiv zu kontrollieren.

**Versagensängste**

Versagensängste sind bei Kindern und Jugendlichen, selbst noch bei Erwachsenen, weit verbreitet. Sie werden in den Sozialisationsphasen entwickelt und geprägt und können sich zu Neurosen ausweiten. Die Betroffenen verkrampfen, geraten in Atemnot oder beginnen zu zittern, wenn sie

- sich mit einem oder mehreren Partnern vergleichen sollen,
- eine Übung, Leistung oder Prüfung absolvieren sollen und dabei aller Augen auf sich gerichtet wissen,
- in einem Übungsablauf unter starkem Zeitdruck stehen oder gar
- einen Wettkampf zu bestreiten haben.

Häufig liegen die Ursachen im nachlässig gefertigten Konzept des Unterrichts, der zu Lasten der weniger geübten und weniger talentierten Schwimmer abläuft, die stets die letzten sind, hinterherhinken und notorisch alles falsch machen. Ein derart frustrierender Unterricht wäre gegeben,

- wenn er einseitig ausgerichtet ist und nur das Brustschwimmen als Ausbildungsschwimmart berücksichtigt,
- wenn er nur leistungsorientiert ausgerichtet ist und die Gruppe bei jeder Übung in gute, schlechtere und ganz schlechte Schüler aufteilt,
- wenn er seine methodischen Schritte an den besseren Schwimmern orientiert,
- wenn Schüler mit schlechten Leistungen häufig vor der Gruppe abqualifiziert werden,
- wenn der Übungsleiter sich vorwiegend um die leistungsfähigeren aus der Gruppe kümmert oder
- wenn er gehäuft die leistungsstarken Schüler in besonderer Weise positiv hervorhebt.

Die Versagensängste treten gar nicht erst auf und werden – soweit sie bereits Verhaltensmerkmale eines Schülers sind – abgebaut, wenn

- jeder Schüler die Übungen in seinem eigenen Lernrhythmus probieren und automatisieren kann, ohne unter Zeitdruck zu stehen,
- der Lehrer seinen Unterricht an den Schwächeren orientiert, ohne jedoch zu vergessen, den Leistungsstärkeren durch differenzierende Maßnahmen zusätzlichen Übungsstoff zu geben,
- der Lehrer durch vielseitigen Unterricht die unterschiedlichen Talente seiner Schüler entdeckt und entwickelt,
- die Schüler eine Leistung als selbstverständliche Folge regelmäßigen Übens einschätzen lernen,
- eine schwache Leistung oder ein Fehler vom Lehrer und von allen Schülern als Teil der Lebenswirklichkeit gesehen wird oder
- der Wettkampf als Möglichkeit geschätzt wird, die eigene Leistung in einer Ausnahmesituation zu testen.

**Die Angst vor Krankheiten**

Besonders in jüngster Vergangenheit wurde seitens der Medien warnend auf bestimmte Bakterien und Pilze hingewiesen, die in Schwimmbädern grassieren und Krankheiten auslösen können. Hier und da fragen um die Gesundheit ihrer Kinder besorgte Eltern, aber auch Erwachsene und Senioren, die selbst Schwimmanlagen nutzen, nach diesen Krankheitserregern. Die aufgekommenen Unsicherheiten und Zweifel werden noch gestützt durch die von den Kommunen erlassenen Badeverbote an Seen, Flüssen und Meeresküsten. Diese Maßnahmen berufen sich auf starke Verschmutzungen sowie Koloniebildungen von giftigen Algen und Coli-Bakterien. Sie betreffen aber nicht die öffentlichen Schwimmhallen und Freibadeanstalten. In diesen funktioniert das enge Netz der regelmäßigen bakteriologischen Untersuchungen, die in Deutschland schon Tradition sind. Der Schwimmlehrer kann derartige Zweifel mit Gelassenheit zerstreuen, wenn sie einmal seitens seiner Schwimmschüler an ihn herangetragen werden.

**Literatur und Filme
im Anfängerbereich**

**12**

# Literatur im Anfängerbereich

| | |
|---|---|
| Bauermeister, Heinz | In der Badewanne fängt es an, Copress-Verlag, München 1984 (9. Aufl.). |
| Bresges, Lothar | Schwimmen im 1. und 2. Lebensjahr, Kösel-Verlag, München 1981 (2. Aufl.). |
| Bucher, Walter | Schwimmen – leistend spielen – spielend leisten, Verlag Karl Hofmann, Schorndorf 1982. |
| Bucher, Walter / Messmer, Christoph / Salzmann, Frank | 1001 Spiel- und Übungsformen im Schwimmen, Verlag Karl Hofmann, Schorndorf 1987 (4. Aufl.). |
| Burg, Wolfgang | Schwimmenlernen im Lernschwimmbecken, Frankonius-Verlag, Limburg 1978. |
| Deutscher Schwimmverband | Bericht über den Kongreß Anfängerschwimmen in Bayreuth, Fahnemann, Bockenem 1978. |
| Döbler, Erika u. Hugo | Kleine Spiele, Sportverlag, Berlin 1985 (15. Aufl.). |
| Gildenhard, Norbert | Vielseitiger Schwimmunterricht in der Vorschule und Eingangsstufe, Verlag Karl Hofmann, Schorndorf 1986 (2. Aufl.). |
| Graumann, Dieter / Lohmann, Holger / Pflesser, Wolf | Schwimmen in Schule und Verein, Pohl-Verlag, Celle 1992 (5. Aufl.). |
| Haase, Johannes | Spiele im, am, unter Wasser, Sportverlag, Berlin 1986 (3. Aufl.) |
| Hahmann, Heinz / Schneider, Franz | Schwimmenlernen, Verlag Karl Hofmann, Schorndorf 1982. |
| Heinrich, Wolfgang | Spielerische Wassergewöhnung, Verlag Karl Hofmann, Schorndorf 1979 (4. Aufl.). |
| Hellmich, Hermann | Schwimmen im 3. und 4. Lebensjahr, Kösel-Verlag, München 1974. |
| Hunt-Newman, Virginia | So lernen kleine Kinder schwimmen, Goldmann-Verlag, München 1967. |
| Kennel-Kobi, Liselotte | Schwimmen für jung und alt, Verlag Buchdruckerei Widmer AG, Schönenwerd 1969. |
| Kofink, Adolf | Wasserratten, Pohl-Verlag, Celle 1969. |
| Lewin, Gerhard | Schwimmen mit kleinen Leuten, Sportverlag, Berlin 1981 (5. Aufl.). |
| Lingenau, W. Günter | Leitfaden des Sportschwimmens, Schwimmsport-Verlag Fahnemann, Bockenem 1981. |
| Niggemeyer / Becker | Ich kann bald schwimmen, Otto Maier Verlag, Ravensburg 1975. |
| Stichert, Karl-Heinz | Schwimmsport – Schülersport, Sportverlag, Berlin 1981 (4. Aufl.). |
| Urbainsky, Norbert | Methodik des Schwimmunterrichts, Teil I, Pohl-Verlag, Celle 1987 (7. Aufl.). |
| Urbainsky, Norbert | Methodik des Schwimmunterrichts, Teil II, Pohl-Verlag, Celle 1978. |
| Wilke, Kurt | Anfängerschwimmen, Rowohlt Verlag, 1984 (2. Aufl.). |
| Wilke, Kurt | Anfängerschwimmen – eine Dokumentationsstudie, Hofmann-Verlag, Schorndorf 1976. |

## Filme im Anfängerbereich

| | | |
|---|---|---|
| Nr. 32 0561 | Anfängerschwimmen (15 Min.), 16 mm. |
| Nr. 32 2400 | Früh übt sich – Kleinkinderschwimmen (26 Min.), 16 mm. |
| Nr. 32 2453 | Leistungsfähigkeit im Kindesalter (16 Min.), 16 mm. |
| Nr. 32 3437 | Kinder lernen schwimmen (21 Min.), 16 mm. |
| Nr. 32 3438 | Erwachsene lernen schwimmen (22 Min.), 16 mm. |
| Nr. 16 322 | Vom Nichtschwimmer zum Schwimmer (70 Min.), 16 mm, 2 Teile. |
| Nr. 16 312 | Das moderne Brustschwimmen (32 Min.), 16 mm. Von der Wassergewöhnung zum kontinuierlichen Brustschwimmen. |
| Nr. 16 313 | Neuzeitlicher Kraulschwimmunterricht in 9 Lektionen (21 Min.), 16 mm. Von der Wassergewöhnung bis zum Kraulen. |
| Nr. 16 363 | Schwimmenlernen mit retardierten Kindern (21 Min.), 16 mm. |

# Bücher für Gymnastik, Turnen, Sport und Spiel

**Bruckmann/Dieckert/Herrmann: Gerätturnen für alle**
2. Auflage, Format 14,8 x 21 cm, 151 Seiten, 140 Abbildungen, ISBN 3-7911-0187-0
**Baumann: Moderne Skigymnastik**
Format 14,8 x 21 cm, 72 Seiten, 240 Abbildungen, ISBN 3-7911-0069-6
**Fillinger: Die Gruppenarbeit als Mittel zur Leistungsmotivation im Gerätturnen**
2. Auflage, Format 21 x 20 cm, 152 Seiten, 403 Abbildungen, ISBN 3-7911-0125-0
**Fischer: 238 Medizinballübungen**
Format 21 x 20 cm, 94 Seiten, 288 Abbildungen., ISBN 3-7911-0180-3
**Fluch: Gymnastik**
2. Auflage, Format 21 x 20 cm, 144 Seiten, 505 Abbildungen, ISBN 3-7911-0134-X
**Fluch: Gymnastikstudien und Tanzgestaltungen**
Teil 1: Gymnastikgestaltungen ohne und mit Handgeräten, Format 21 x 20 cm, 166 Seiten, 523 Abbildungen, ISBN 3-7911-0149-8
Teil 2: Tanzgestaltungen, Choreographien, Format 21 x 20 cm, 210 Seiten, 622 Abbildungen, ISBN 3-7911-0153-6
**Foerster: Gymnastik in Wort und Bild**
2. Auflage, Format 21 x 20 cm, 156 Seiten, 417 Abbildungen, ISBN 3-7911-0124-2
**Foerster: Gymnastik zum Aussuchen**
Format 21 x 20 cm, 89 Seiten, 169 Abbildungen, ISBN 3-7911-0101-3
**Foerster: Hausfrauen turnen**
5. Auflage, Format 14,8 x 21 cm, 120 Seiten, 95 Abbildungen, ISBN 3-7911-0147-1
**Gerards: Langbänke – Kästen – Matten**
2. Auflage, Format 21 x 20 cm, 73 Seiten, 177 Abbildungen, ISBN 3-7911-0195-1
**Graumann/Lohmann/Pflesser: Schwimmen in Schule und Verein**
5., aktualisierte Auflage, Format 14,8 x 21 cm, 204 Seiten, 206 Abbildungen, ISBN 3-7911-0190-0
**Graumann/Pflesser: Zielgerichtete Wassergewöhnung**
2., aktualisierte Auflage, Format 14,8 x 21 cm, 256 Seiten, 212 Abbildungen, ISBN 3-7911-0203-6
**Grosser/Herbert: Konditionsgymnastik**
7. Auflage, Format 21 x 24 cm, 124 Seiten, 705 Abbildungen, ISBN 3-7911-0192-7
**Haarhoff: Jazz fresh**
Format 21 x 20 cm, 120 Seiten, 195 Abbildungen, ISBN 3-7911-0191-9
**Herbert: Hallenleichtathletik in Schule und Verein**
Format 21 x 24 cm, 108 Seiten, 210 Abbildungen, ISBN 3-7911-0032-7
**Herold/Fluch: Handbuch der Turnsprache, 1. Teil**
Die Bezeichnungen der gymnastischen Grund- und Leistungsformen (einschl. Jazzgymnastik).
2. Auflage, Format 14,8 x 21 cm, 152 Seiten, 428 Abbildungen, ISBN 3-7911-0076-9
**Herold/Göhler/Fluch: Handbuch der Turnsprache, 2. Teil**
Die Bezeichnungen der Grund- und Leistungsformen an den Geräten.
2. Auflage, Format 14,8 x 21 cm, 175 Seiten, 480 Abbildungen, ISBN 3-7911-0038-6
**Herold/Schwope: Abwechslungsreiches Turnen an den Tauen und Ringen**
Format 21 x 20 cm, 43 Seiten, 105 Abbildungen, ISBN 3-7911-0145-5
**Herrmann: Elementare Formen des Boden- und Gerätturnens**
2. Auflage, Format 23,8 x 16,5 cm, 70 Seiten, 100 Abbildungen, ISBN 3-7911-0160-9
**Herrmann: Mit Rock über'n Bock**
3. Auflage, Format 23,8 x 16,5 cm, 44 Seiten, 68 Abbildungen,
1 Musikkassette, ISBN 3-7911-0136-6
**Kallfass-Moll: Tanzen, Spielen und Turnen**
Format 21 x 14,8 cm, 244 Seiten, 485 Abbildungen, ISBN 3-7911-0061-0
**Kempf: Gesund und aktiv im Wasser**
Format 17 x 24 cm, 131 Seiten, 183 Abbildungen, ISBN 3-7911-0179-X
**Kling: Fest und Feier im Verein**
3. Auflage, Format 14,8 x 21 cm, 112 Seiten, 35 Abbildungen, ISBN 3-7911-0150-1         05/94

 **Pohl-Verlag · 29232 Celle · Postfach 3207 · Tel. (0 51 41) 75 04-0**